사람들은 왜
성격 테스트를 할까?

사람들은 왜 성격 테스트를 할까?
-25가지 테스트로 나를 찾는 심리 여행

1판 1쇄 발행 2022년 5월 4일
1판 2쇄 발행 2022년 10월 18일

지은이 홀웬 니콜라스 | **옮긴이** 이영래 | **펴낸이** 이수정 | **펴낸곳** 북드림
진행 신정진, 김재철 | **마케팅** 이운섭 | **표지 및 본문 디자인** 북디자인 경놈

등록 제2020-000127호 | **주소** 경기도 남양주시 다산순환로 20 현대프리미어캠퍼스 C동 4층 49호
전화 02-463-6613 | **팩스** 070-5110-1274 | **도서 문의 및 출간 제안** suzie30@hanmail.net

ISBN 979-11-91509-30-4 (03180)

· 책값은 뒤표지에 있습니다.
· 파본은 구입처에서 교환해 드립니다.

25가지 테스트로 나를 찾는 심리 여행

사람들은 왜 성격 테스트를 할까?

홀엔 니콜라스 지음
이영래 옮김

북림

목차

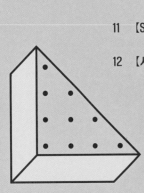

시작하며

소셜 미디어에서 MBTI 성격 유형과 해당 유형이 소통하는 방식을 찾아 읽으면서 이 글을 쓰고 있습니다. 제가 속한 유형의 글을 찾아보면서 '나만 그런 게 아니구나.' 하고 다시 한번 깨달았지요. 내가 가진 성격 유형이 사람들과 소통하는 방식에 대해 남편에게 물었더니 "맞아. 당신은 거기에 다 해당되지." 하며, 제가 가진 유형의 특징 중 하나인, 늘 확인을 필요로 하는 모습을 재미있게 여기더군요.

사람들은 '같은 유형'에 속한 다른 사람들 역시도 나와 '같은 행동'을 한다는 댓글을 보고 소속감을 느낍니다. 나만 그런 게 아니구나 하며 안심하는 거죠. 모르고 있던 새로운 사실을 알게 되는 것은 아니지만, 혼자만 그런 행동을 하는 것은 아니라는 확신을 얻고 정상 범주 안에 있다는 것을 다시 한번 확인하는 것입니다.

사회적 규범에 '맞추기' 위해 스스로를 감추지 않아도 되는 것, 그것이 MBTI나 NLP 같은 성격 유형이 가져다주는 즐거움입니다. 성격 유형은 당신이 알아차리지 못한 숨겨진 사실 같은 것을 알려주는 것이 아닙니다. '지금 그대로의 나'를 확인해 주고 스스로 받아들일 수 있게 해주는 것입니다. 내가 가진 성격 유형을 그대로 표출하기보다 사회생활에 더 적합하다 싶은 다른 모습에 대한 요구가 점점 많아지는 이런 세상 속에서 말입니다.

학창 시절부터 성격 유형에 관심이 많아 심리 상태가 어떤지부터 눈의 색상과 성격은 어떤 연관이 있는지까지 다양한 테스트를 해왔죠. 그런 열정과 관심을 모아 이 책을 쓰게 되었습니다. 항상 스스로가 별나다고 생각되고 세상과의 상호 작용이 힘겹게 느껴졌기 때문에 가능한 작업이었습니다. 내 성격 유형을 무시한 채 세상의 기대에 맞춰 살고 싶지는 않았지만 다른 사람들과 유대를 가지고 소속감을 느끼는 것은 기분 좋은 일임이 분명했습니다. 성격 유형 테스트는 자신을 이해하고 진정한 모습과 다시 연결될 수 있게 해주었습니다. 스트레스, 피로, 불안감, 장기적인 건강 문제를 해결하고 균형을 유지하는 데에도 유용했습니다.

만성 피로 증후군/근육 통증성 뇌척수염이라는 진단을 받게 되었을 때, 성격 유형 테스트를 통해 타고난 성향과 맞지 않는 일을 계속해 왔음을 알게 되었습니다. 피로와 병의 원인을 해소하기 위해 꼭 필요한 휴식과 재충전을 어떻게 해야 할지 몰랐고, 시간을 할애하지 않았기 때문이었습니다. 이렇게 성격 유형 테스트를 통해 나 자신의 본질을 깨달은 후 삶은 바뀌었습니다. 이제 무엇이 나를 지치게 하는지, 어떤 일을 하고 싶어 하는지를 잘 알고 있습니다. 나를 제대로 아는 것은 기억에 남아 있는 그 어느 때보다 활기를 느끼게 합니다.

새로운 것이 아닙니다. 그저 이미 알고 있던 점을 상기한 것뿐입니다. 우리는 세상 속에서 수많은 가면을 쓰고 살아갑니다. 그래서 세상에서 한 발 물러서서 가면을 벗고 본연의 모습으로 돌아가 재충전을 할 시간이 필요합니다. 지금의 저는 중소기업에서의 코칭을 통해, 또 직접 혹은 온라인 일대일 코칭을 통해 사람들이 자신의 본모습과 다시 연결되도록 돕는 일을 하면서 즐겁게 살아가고 있습니다.

저는 앞으로도 계속 큰 관심을 가지고 성격 테스트를 즐길 것이고 새로운 성격 테스트를 기꺼이 읽을 것입니다. 인터넷에 떠도는 재미로 보는 테스트나, 조직을 위한 새로운 발달 기법까지 종류를 가리지 않고 말입니다. 이런 테스트 중에는 상당히 부담스러운 테스트도 있고, 처음 결과를 받아 들었을 때는 그 정보로 무슨 일을 해야 하는 건지 감이 잡히지 않는 테스트도 있습니다. 이 책이 그런 테스트를 쉽게 접할 수 있게 하는 계기가 되기를 바랍니다. 더 자세히 알고 싶은 독자는 책의 뒷부분에 있는 추가 자료와 추천 도서에서 유용한 정보를 얻을 수 있습니다.

저는 매일 무엇을 좋아하는지 떠올리고 제가 가진 성격의 장점과 가능성을 생각합니다. 성격 유형 테스트는 평생의 성장과 계발을 돕는 데 사용될 유용한 도구입니다. 좋아하는 일을 계속 발굴하고, 재충전의 방법을 상기시키고, 자기 계발을 위한 안전지대를 성장시키려면 어떻게 해야 할지 기억나게 해줄 것입니다.

여러분도 저와 같은 방식으로 이 책을 즐기게 되기를 간절히 바랍니다. 이 책은 쉽고 편안한 방식으로 다양한 테스트를 소개하고 있습니다. 이 테스트들을 낯선 사람과 어색함을 없애는 도구로 사용할 수도 있고, 가족이나 친구와도 함께 이용할 수 있을 것입니다. 부담 없이 즐겨보세요. 그 과정에서 알고 있다고 생각했지만 진정으로 인식하지는 못했던 자신의 본질을 발견하게 될 것입니다.

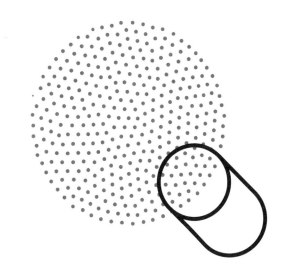

왜 성격 테스트를 할까?

성격 테스트를 즐기나요? 아니라고 말하면서 혼자 몰래 하고 있진 않나요? 그렇다고 대답하든 아니든, 사람들은 성격 테스트에 강한 흥미를 느낍니다. 당신이 이 책을 읽고 있는 것이 바로 그 증거죠!

우리는 성격 테스트의 어떤 점에 매력을 느끼는 것일까요? 소셜 미디어와 잡지에는 가족이나 친구들과 공유할 수 있는 재미있는 테스트들이 가득합니다. 왜 그런 테스트를 하는 걸까요? 왜 자신을 상징하는 색이 무엇인지 궁금한 걸까요? 당신은 엠패스empath(과도한 공감 능력을 가진 사람, 초민감자)인가요? 당신이라면 호그와트Hogwart(『해리포터』에 등장하는 마법 학교)의 어느 기숙사에 배정을 받을까요? 당신이 살기에 가장 이상적인 장소는 어디인가요? 당신을 상징하는 동물은 어떤 것일까요? 당신은 리더인가요, 아니면 조력자인가요?

사람들은 잡지나 소셜 미디어에 있는 성격 테스트를 가벼운 오락 정도로 생각하지만 그 깊숙한 곳에는 다른 의도가 숨어 있을지도 모릅니다.

검증

자신의 행동을 복기하거나 생각과 느낌을 검증해야 하는 사람이 있습니다. 이런 '유형'인 사람은 성격 유형 테스트에 이런저런 식으로 행동한다고 쓰인 글을 보고 자신을 '정상'으로 느끼게 됩니다. 검증은 특정 유형에 속하는 자신을 좀 더 솔직하게 (혹은 부정직하게) 표현하는 데 도움을 줄 수도 있습니다.

자기 발견

자신의 새로운 점을 발견하고 싶은 마음이 성격 테스트를 하도록 이끄는 것일지도 모릅니다. 사실 성격 테스트는 사람들에게 새로운 사실을 알려준다기보다는 자신의 특성을 상기시켜주는 역할을 합니다. 때때로 사람들은 자신의 장단점을 잊고 삽니다. 테스트를 통해서 자신을 제대로 인식하고 이를 통해 배움과 성장의 기회를 발견하는 데 유용할 수 있습니다.

타인에 대한 이해

주변 사람들과 관계를 맺고, 그들의 관점을 이해하고, 그들과 더 나은 상호 작용을 하는 방법을 배우기를 원하는 것일 수도 있습니다. 다른 사람들을 조종하는 데 이용하려는 사람도 있지만, 주변 사람들의 입장이 되어 그들의 상황을 공감할 수 있기를 바라기 때문에 성격 테스트에 관심을 가지게 됩니다.

같은 종족 찾기

인간은 집단생활을 하는 본능을 타고났기에 소속감을 느껴야만 합니다. 그런데 지역 사회에서 벗어나 타인과 거의 교류 없이 집에서 혼자 일하는 현대인이 점점 많아지고 있습니다. 이처럼 사회와 동떨어진 환경에 있는 사람들은 외로움을 느끼게 마련입니다. 이런 경우, 성격 테스트를 통해 세상 속에서 같은 종족을 찾고 소속감을 느낄 수 있습니다. 뜻을 같이하는 사람들의 '무리'에 속해 그 속에서 '안정감'을 느끼고 싶은 바람이 당신을 성격 테스트로 이끄는 것일지도 모릅니다.

범주화

타인을 일정한 범주로 나누고, 마음속으로 각 유형에 대한 '가설'을 만든 뒤 그 가설에 따라 사람을 대하는 것이 편리하다고 생각하는 사람들이 있습니다. 그러나 100% '유형'에 들어맞는 사람은 존재하지 않기 때문에 오류가 있을 수 있으니 맹신하면 안 된다는 것을 기억하세요.

성격 유형 테스트를 사용하는 조직이 점점 더 많아지다 보니 자신이 속한 조직을 통해 처음으로 심층 성격 유형 테스트를 접하게 되는 경우도 있습니다. 성격 유형 테스트는 관리자가 팀을 구성하고, 갈등을 해결하고, 커뮤니케이션을 개선하는 데 도움을 주기 때문에 일부 조직은 면접 과정에서도 이를 이용합니다. 그러나 성격 유형 테스트는 단편적인 모습을 보여줄 뿐이라는 것을 유념해야 합니다. 솔직하게 답하지 않고 답해야 할 방법을 구상하면서 테스트에 임한다면 여러분이나 조직에 결코 도움이 되지 않을 것입니다. 하지만 올바른 방법으로 사용한다면 개인과 기업이 배우고 성장하는 데 유용한 도구가 될 수 있습니다.

이유가 무엇이든 성격 테스트는 재미있고 친근한 방식으로 친구와 가족을 알아가고, 자신을 이전보다 잘 이해할 수 있게 하는 도구가 될 것입니다. 이것이 바로 이 책을 쓴 목적입니다. 재미있게 즐겨주시기 바랍니다.

역사와 배경

사람들은 성격 유형 테스트를 단순히 '정해진 틀로 사람의 특징을 구분하는 방법'이라고 생각합니다. 사회적 지위, 지적 능력, 직책, 심지어는 어떤 종류의 차를 운전하는지에 따라 사람을 분류하는 것이 우리가 속한 사회의 현실이기도 합니다. 각각의 사람을 개별적으로 받아들이기보다 비슷한 특징을 가진 사람 모두를 미리 정해진 틀에 맞춰, 이런 유형에 속한 사람들은 같은 방식으로 행동한다고 쉽게 가정합니다. 이런 현실이 상황에 맞는 성격 유형 테스트가 필요한 이유이기도 합니다.

사람마다 주로 쓰는 손이 있습니다. 주로 쓰는 손을 다쳐 쓸 수 없는 기간이 길어지면 연습을 통해 다른 손도 자유자재로 사용할 수 있게 됩니다. 성격 특성도 마찬가지입니다. 분명히 우리가 친숙하게 느끼는 특성들, 선호하는 특성들이 있지만 시간이 지나면서 멀게 느껴졌던 의외의 특성들도 다룰 수 있게 됩니다. 균형을 찾아가는 것이죠. 이것은 우리가 성장하고 변화·발전할 수 있다는 것을 의미하지만, 여전히 편안하게 느껴지는 특성들이 존재한다는 사실은 바뀌지 않습니다. 물론 이렇게 편안하게 느껴지는 특성, 즉 선호하는 특성이 사회에서 받아들여지지 않는 경우도 있으며 그럴 땐 그 특성이 인격 장애로 여겨지기도 합니다. 하지만 대개의 경우 우리가 보여주는

성격 선호는 말 그대로 선호일 뿐이며, 원한다면 선호하는 특성들을 개발하거나 새로운 기술을 습득할 수도 있습니다.

지난 세기 동안 인간의 정신세계에 대한 수많은 연구가 행해졌고, 이 분야는 진화를 거듭해 왔습니다. 그런데도 사람들은 성격 유형 테스트에 매력을 느낍니다. 사람들이 성격 유형 테스트를 좋아한다는 최초의 증거는 고대 그리스로 거슬러 올라갑니다. 히포크라테스Hippocrates는 오늘날까지도 언급되고 있는 '네 가지 기질' 이론을 개발했습니다. 그의 이론에서는 인간의 몸은 네 가지 물질로 이루어져 있으며, 이를 '기질'이라고 정의합니다. 이상적인 건강 상태에 이르려면 이 네 가지가 완벽한 균형을 이루어야 합니다. 이 균형이 깨지면 질병으로 이어지죠. 히포크라테스가 말한 기질은 다혈질sanguine(낙천적), 황담즙질choleric(화가 많은), 흑담즙질melancholic(우울한), 점액질phlegmatic(차분한)이며 셰익스피어는 자신의 희곡 속 등장인물의 캐릭터에 이 기질들을 접목해 발전시켰습니다.

고대로부터 이어진 또 다른 성격 분석 방법에는 별자리와 상징적 동물과 관련된 것이 있는데 현대적인 시각에서 본다면 인간의 행동을 특징짓는 수단이었음을 알 수 있습니다. 물론 그 이후로도 인간의 성격에 대한 연구는 계속되고 있습니다.

성격이란 무엇인가

'성격'은 한 사람이 가진 기질의 다양한 부분을 가리키는 용어입니다. 그것은 대개 인간 행동의 모든 측면(정신적·정서적·사회적·육체적·영적 측면)을 다룹니다. 눈에 보이지 않고 우리가 이해하지 못하는 개인의 측면이 있다는 의견도 있지만 말입니다.

우리 인간은 매우 복잡한 존재이기 때문에 주변의 모든 것에 질서를 부여하려고 합니다. 사람을 규정하는 것도 거기에 포함되죠. 심리학자들은 끊임없이 사람을 규정하고 분류하려 합니다. 인간이 다른 방식으로 행동하는 이유, 우리가 모두 다 특별한 이유를 이해하는 일은 여전히 많은 연구자를 자극합니다. 특히 특별한 병리적 경향이 있는 사람과 그렇지 않은 사람을 비교하는 많은 연구가 있습니다. 범죄자들의 심리학적 행동을 주시하는 범죄 스릴러물이 없었다면 우리는 어떻게 되었을까요?

심리학자들은 사람들 사이에서 나타나는 행동을 관찰·연구해서 미래의 결과를 예측해 보려는 노력을 끊임없이 이어가고 있습니다. 이는 직장, 스포츠, 위기나 외상 후 스트레스의 관리, 양육, 교육 등 수많은 영역에 유용합니다. 심리학자들은 사람들의 성격을 이해함으로써 변화를 가져오는 환경을 통제하고 변화시킬 수 있기를 바랍니다.

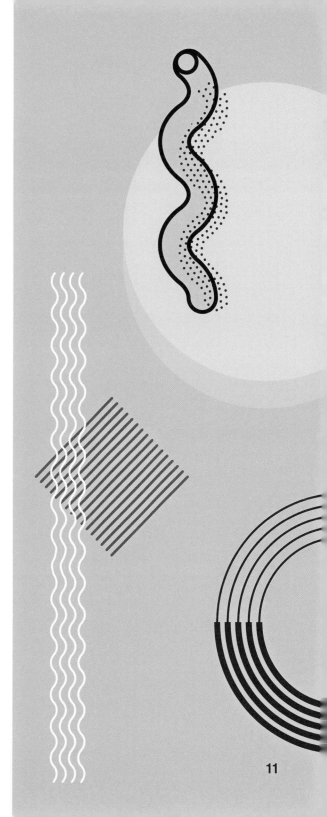

성격을 규정하려는 여러 이론이 있지만, 인간의 성격을 이해하는 영역에서 가장 두드러진 이론을 주장한 사람은 지그문트 프로이트Sigmund Freud와 카를 융Carl Jung입니다.

지그문트 프로이트

지그문트 프로이트(1856~1939)는 오스트리아의 신경학자이며 정신 분석학의 창시자입니다. 그의 이론에 따르면, 무의식의 한 층은 원초아id·자아ego·초자아superego의 세 부분으로 나뉩니다.

원초아 보통 태어날 때 나타납니다. 이는 사람이 가지고 있는 본능적인 충동을 말합니다.

자아 태어날 때부터 발달하기 시작합니다. 이 구성 요소는 외부 세계에서 일어나는 변화에 적응하기 위해 원초아를 제어합니다. 자아는 살아가는 과정에서 초자아와 원초아 사이의 균형을 찾습니다.

초자아 약 6세부터 발달하기 시작합니다. 원초아를 통제하는 요소로 보통 도덕적 가치관이나 양심과 관련됩니다.

프로이트의 이론은 여기에서 다 설명할 수 없을 만큼 방대합니다. 하지만 기본적으로 그는 우리 환경 안에서 일어나는 사건들이 정신의 이 세 부분, 즉 원초아, 자아, 초자아 사이의 갈등을 야기할 수 있다는 결론을 내렸습니다. 이런 갈등은 보통 주위 세상에 반응하는

행동의 직접적인 결과이죠. 사람이 이들 사건에 대응하는 법을 배우고 발전하면서 이런 갈등이 성격의 변화로 이어지기도 합니다.

프로이트는 성격 발달에는 다섯 단계, 즉 ①출생부터 1년 ②1년에서 3년 ③3년에서 6년 ④6년에서 청소년기까지 ⑤청소년기 이후가 있다는 이론을 제시했습니다. 인생의 단계마다 아이의 성격이 발달하고 결국 어른이 되었을 때의 행동과 전반적인 성격이 형성됩니다. 각 단계에서의 모든 문제가 성격 발달에 긍정적이거나 부정적인 영향을 미칠 수 있습니다. (지나치게 간단한 설명이지만 프로이트의 이론을 기본적으로는 파악하였기를 바랍니다.)

카를 융

카를 융(1875~1961)은 스위스의 심리학자이자 정신과 의사이며 분석 심리학의 창시자입니다. 융은 무의식과 성격에 대해 프로이트와 비슷한 생각을 갖고 있었습니다. 다만 그는 무의식이 하나가 아닌 두 개의 층으로 이루어져 있다고 주장하는 다른 접근법을 취했습니다. 첫 번째 층을 개인 무의식personal unconscious이라고 불렀고, 이는 기본적으로 앞에서 설명한 프로이트 버전의 무의식과 같습니다. 즉, 개인 무의식은 한 사람의 삶에서 비롯된 재료를 담고 있으며 이는 억압

되거나 잊혔기 때문에 의식적 인식 안에 존재하는 재료를 말합니다. 개인 무의식은 자아의 바로 옆에 있고 의식적인 인식보다 깊은 곳에 자리하고 있습니다.

두 번째 층은 훨씬 더 깊은 곳에 있습니다. 그는 이것을 집단 무의식collective unconscious이라고 불렀는데 기본적인 의미에서, 집단 무의식은 과거로부터 전해진 기억, 인류 전체가 공유하는 기억의 흔적이 저장된 곳을 말합니다. 융은 성격에 영향을 주는 이런 기억에 '원형archetype'이라는 이름을 붙였습니다. 원형은 실제 개인의 경험에서 비롯된 기억이 아니라 감정적으로 고조된 이미지와 생각으로, 보편적인 의미를 담고 있습니다. 이러한 원형적 이미지와 아이디어는 꿈에 자주 등장하며 예술, 문학, 종교에서 사용하는 문화적 상징에 종종 드러납니다. 융에 따르면 사람의 정신에는 모든 사람이 공유하는 무의식적인 부분이 있습니다. 이 영역은 보통 시간이 지나면서 발달하고, 한 세대에서 다른 세대로 이어집니다.

이것이 성격 테스트와 어떻게 연결될까

우리가 사회적 기대에 따라 특정한 이미지(예를 들어 양육자로서의 어머니)에 어떻게 반응하는지 생각해 볼까요? 우리는 문화적·지역적·사회적 기대로 인해 이런 외적 이미지에 특정한 방식으로 반응합니다. 이

러한 '원형'적 상징은 여러 세대에 걸쳐 획득된 특별한 지위를 갖고 있으며 일상생활에서 중요한 역할을 합니다. 우리는 다른 사람들과 함께 살면서 국부적인 역할과 규범을 채택하기에, 이러한 것이 우리의 성격 발달에 영향을 미치게 됩니다. 여러분에게도 세상에 대한 반응에 영향을 미치는 많은 상징과 역할이 있을 것입니다. 융은 그 외에도 다음과 같은 성격의 여러 측면을 이론을 제시했습니다.

아니마anima**와 아니무스**animus 남성적 측면이나 여성적 측면을 드러나게 합니다.

그림자shadow 성격의 보다 원시적인 면, 어두움을 대변합니다.

자아self 사람이 모든 다른 측면을 통합해 독자적인 본질을 드러내게 만듭니다.

또한 융은 인간 행동이 특정한 기본적 패턴을 따르는 경향이 있으며 이는 자연스럽게 선호하는 특성이 된다는 것을 관찰했습니다. 선호하는 행동은 점차 습관이 되고 예측 가능한 성격 특성으로 이어집니다. 그는 이를 다음과 같이 묘사했습니다.

- 에너지를 내부 세계로 돌리는 내향성
- 에너지를 외부 세계로 돌리는 외향성

융은 여기에서 네 개의 다른 기능을 발전시켰습니다.

사고 이런 측면을 선호하는 사람들은 논리적이고 호기심이 강한 경향이 있습니다.

감정 이런 측면을 선호하는 사람들은 대상에 얼마만큼의 가치를 부여하는지, 즉 어떤 것을 받아들일 수 있는지 아닌지 판단하는 경향이 있습니다.

감각 이런 측면을 선호하는 사람들은 감각적 인상에 의지하는 경향이 있습니다. 그들은 대상이 어떻게 보이는지, 단어가 어떻게 들리는지 등에 따라 세상을 관찰합니다.

직관 이런 측면을 선호하는 사람들은 의식 속에서 보통의 감각으로는 알 수 없는 보다 폭넓은 함의를 보면서 가능성을 인식하는 경향이 있습니다.

각 개인은 이러한 기능 중 하나를 선호하게 되며, 이에 따라 그들이 경험에 어떻게 반응하는지가 결정됩니다. 양육과 사회적 조건으로 인해 개인이 이 네 가지 기능에 두는 비중이 달라지며, 여기에 외향성과 내향성이라는 주요 심적 태도가 결합되면 8가지 다른 심리학적 유형이 나타납니다.

외향적 사고형 이런 유형은 합리적인 사고와 논리에 이끌립니다. 이들은 자신의 세계관이 옳은 것이라고 생각하며 질서와 사실을 좋아하는 경향이 있습니다.

내향적 사고형 이런 유형은 사실이라는 외적 세계를 보는 것보다는 사상이라는 내적 세계에 관심이 많습니다. 이들은 대상에 대해 끊임없이 의문을 제기하고 이론을 세웁니다.

외향적 감정형 이런 유형은 상당히 관습적인 경향이 있고 개인적인 성공에 관심이 많습니다. 이들은 사람들을 잘 다루며 또래 집단과 잘 어울립니다.

내향적 감정형 이런 유형은 냉담하고 내향적으로 보일 수 있습니다. 이들은 평화와 고요를 즐기며, 속마음을 드러내지 않는다는 인상을 줄 수 있습니다.

외향적 감각형 이런 유형은 외부 세계의 대상과 감각에 관심을 가집니다. 이들은 세상을 있는 그대로 받아들이고 인생을 즐기는 경향이 있습니다.

내향적 감각형 이런 유형은 경험되는 감각에 초점을 맞추는 경향이 있습니다. 이들은 자신을 표현하는 일이 힘들다고 생각합니다. 이들은 현실 세계와의 접촉을 원하지 않는 것처럼 보입니다.

외향적 직관형 이런 유형은 쉽게 지루해하며 새로운 아이디어를 탐구하는 것을 좋아하는 경향이 있습니다. 이들은 결정이나 판단을 할 때 직관에 의존합니다.

내향적 직관형 이런 유형은 꿈, 비전 그리고 자신의 집단 무의식에 의한 신비로운 세계에 초점을 맞추는 경향이 있습니다. 이들은 종종 내면의 백일몽과 환상에 사로잡히는 때가 많습니다.

그동안 개발된 여러 성격 유형 테스트를 관찰하면 프로이트나 융의 연구와 어떻게 관련되는지 알 수 있습니다. 하지만 융 자신조차 어떤 사람이 단일 유형에 들어맞는 경우는 드물며, 항상 뚜렷하게 드러나지 않는 그림자 성격과 다른 기능(부기능)을 가진 사람들 때문에 문제가 복잡해진다고 말한 바 있습니다. 그는 모든 인간이 유동적이고 역동적인 존재이며 성격 유형은 '일생 동안 발달하는 선호'라고 주장했습니다.

'빅 5(Big 5)' 성격 특성

프로이트와 융 이래 많은 위대한 심리학자가 그들의 이론을 계속해서 발전시켰습니다. 너무나 양이 많기 때문에 여기에서 상세히 다룰 수는 없겠네요. 현대의 성격 유형 테스트에 큰 영향을 준 것은 '빅 5 성격 특성'이라고도 알려진 '5대 성격 요인 모델The Five Factor Model of Personality'입니다.

이 모델은 1949년 D. W. 피스크D. W. Fiske의 연구에서 시작되어 1961년의 어니스트 튜프스Ernerst Tupes와 레이먼드 크리스털Raymond Christal, 1990년의 J. M. 디그먼J. M. Digman을 비롯한 많은 연구자의 분석과 개발을 거쳤으며 이후에는 루이스 골드버그Lewis Goldberg, 폴 코스타Paul Costa Jr., 로버트 R. 맥크레이Robert R. McCrae 등 수십 년간 이를 연구한—여기에 다 언급할 수 없이—많은 사람에 의해 한층 더 발전되었습니다.

'빅 5'는 광범위한 성격 특성의 범주이며, 이 5대 성격 요인 모델을 뒷받침하는 방대한 문헌이 존재함에도 불구하고 각 범주의 정확한 서술에 대해 연구자들의 의견이 항상 일치되는 것은 아닙니다.

다섯 가지 성격 요인 각각은 두 극단과 그 사이의 범위를 나타냅니다. 예를 들어 외향성은 극단적인 외향성과 극단적인 내향성 그리고 그 사이의 범위를 말합니다. 사실상 대부분의 사람은 각 차원의 양극단 사이에 있는 범위에 해당합니다. 이 다섯 범주는 보통 다음과 같이 설명되며 OCEAN이나 CANOE라는 약어로 표시됩니다.

OCEAN | 개방성openness　　성실성conscientiousness
외향성extraversion　　친화성agreeableness
신경과민성neutoricism

CANOE | 성실성conscientiousness　　친화성agreeableness
신경과민성neutoricism　　개방성openness
외향성extraversion

개방성 상상력, 통찰력. 이런 특성이 강한 사람들은 관심사가 다양한 경향이 있습니다. 이들은 세상에 대한 호기심이 강하며 새로운 것을 배우는 걸 즐기고, 새로운 경험을 좋아합니다.

성실성 신중함, 강한 절제력, 목표 지향적 행동. 이런 특성이 강한 사람들은 체계적이며 세부적인 부분까지 신경을 씁니다.

외향성 자극에 민감하며, 사교적이고, 수다스럽고, 적극적이며, 감정 표현이 풍부합니다. 이런 특성이 강한 사람들은 외향적이고 사교적인 분위기에서 에너지를 얻는 경향이 있습니다. 다른 사람들과 함께할 때 활기와 흥분을 느낍니다.

친화성 신뢰, 이타주의, 친절, 애정. 이런 특성이 강한 사람들은 협조적이고 공감 능력이 높은 경향이 있습니다.

신경과민성 침울함, 까다로움, 정서 불안. 이런 특성이 강한 사람들은 감정 기복, 불안, 짜증, 우울감을 경험하는 경향이 있습니다. 이런 특성이 약한 사람들은 좀 더 안정적이고 정서적 회복력이 더욱 강한 경향이 있습니다.

현재 이 다섯 가지 성격 특성은 보편적이며 다양한 문화권에서 적용되는 것으로 알려져 있습니다. 또한 여러 연구가 이러한 특징들이 생물학적인 기원을 가지고 있고, 인간 진화 과정의 일부라고 이야기하고 있기도 합니다. 심리학 분야에서는 이들 성격 특성에 대한 연구가 계속 진행되고 있습니다.

결론적으로, 지그문트 프로이트와 카를 융은 인간의 성격을 비슷한 관점으로 바라보며 무의식이 성격 발달에 큰 역할을 한다는 사실을 받아들였습니다. 하지만 각자의 학문적 배경으로 인해서 두 사람의 견해는 큰 차이를 보이게 되었습니다. 특히 이 둘의 이론과 이후의 적용에서 나타난 차별점이 심리학 분야에 큰 영향을 주었다는 점에 주목할 필요가 있습니다. 이는 '빅5' 성격의 특징과 다른 이론들에 영향을 미쳤으며 그중 일부는 이 책의 다음 부분에서 다룰 것입니다. 여기에는 NLP 커뮤니케이션 모델NLP Communication Model, 인사이트 디스커버리Insights Discovery®, 마이어스-브릭스Myers Briggs® 등 널리 알려진 이론이 포함됩니다.

테스트 방법

앞으로 나오는 테스트를 실행할 때는 먼저 테스트에 대한 설명을 자세히 읽은 뒤 질문을 풀어가는 것이 좋습니다. 옳거나 그릇된 답은 없다는 것을 기억하세요. 질문에 대해 지나치게 많이 생각하고 답할 필요는 없습니다. 공감이 가는 답을 선택하세요.

책이나 다른 종이에 답을 표시한 뒤, 해답 쪽으로 넘어가서 점수를 합산하고 결과를 확인해 봅니다. 테스트 안에 선택 방법이 상세히 적혀 있는 5번 이외의 모든 테스트는 두 가지 방법으로 나뉘어 진행됩니다.

숫자 결과 부분을 보면 질문에 대해 당신이 표시한 문자 각각에 해당하는 숫자가 적혀 있습니다. 이 숫자들을 모두 더해서 결과를 찾습니다.

상징 결과 부분을 보면 당신이 표시한 문자 각각에 해당하는 기호가 있습니다. 각 기호가 몇 개인지 헤아려서 결과를 찾습니다.

결과가 두 개 이상의 성격 선호와 동일하면 어떻게 해야 할까요? 테스트를 여러 번 했을 때 다른 답을 얻게 되는 이유는 뭘까요? 걱정하지 마세요. 이런 결과가 생기면 고려해야 할 것들이 있습니다.

선호 사항들을 자세히 읽고 어떤 것이 자신에게 가장 잘 맞는지 찾아보세요. 정말로 당신이 누구인지 알고 있는 사람은 당신뿐입니다. 이 테스트들은 그 점을 상기시켜줍니다.

언제 어디서 테스트를 실시했나요? 긴장하고 있지는 않았나요? 솔직하게 대답했나요? 확실치 않다면 잠시 쉬었다가 나중에 다시 한번 테스트를 해보세요.

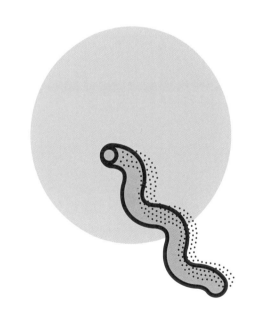

나는 내향적일까, 외향적일까?

내향적 또는 외향적이라는 것은 그 사람의 성격이 조용한가, 활발한가의 문제가 아니라 어디에서 에너지를 얻는 것을 선호하는가의 문제다. 이를 아는 것은 당신이 에너지를 어디에서 구해야 하는지, 피로를 느끼지 않으려면 무엇을 피해야 하는지 인식하는 데 큰 도움이 된다. 이런 지식은 당신 삶의 모든 측면에 긍정적인 영향을 미치며 당신이 적절한 방식으로 에너지를 지킬 방법을 판단할 수 있게 해준다.

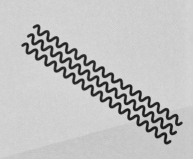

MBTI®(마이어스-브릭스 성격 유형 검사)

이 테스트는 MBTI에서 영감을 받았다. 마이어스-브릭스 평가는 심리학자 카를 융의 이론을 기반으로 캐서린 브릭스Katharine Briggs와 이사벨 브릭스 마이어스Isabel Briggs Myers 모녀가 개발했다.

8가지 성격 선호와 16가지 성격 유형 조합을 설명하는 시스템을 개발한 그들은 융의 사상을 쉽게 이해할 수 있는 체계로 해석해, 더 낮거나 나쁜 성격 유형은 존재하지 않음을 강조하고자 했다. 이사벨 마이어스는 MBTI 설문과 후속 연구, 도구의 개량에 평생을 바쳤다. 그녀의 사명은 사람들에게 자신들의 차이를 건설적으로 이용해서 삶에 대해 더 나은 결정을 내릴 수 있는 권한을 부여하는 것이었다. 이 모녀가 개발한 네 가지 성격 유형은 다음과 같다.

① 외향성 또는 내향성: 에너지를 얻거나 집중하고자 하는 것에 대한 선호
② 감각 또는 직관: 수집하거나 믿는 정보의 종류에 대한 선호
③ 사고 또는 감정: 의사 결정에 대한 선호
④ 판단 또는 인식: 주변 세계와의 상호작용에 대한 선호

MBTI®를 더 자세히 알고 싶다면 170쪽의 자료를 참고하세요.

바쁜 하루 일과를 마친 뒤에 당신이 원하는 활동은?

a. 혼자 자연 속을 거닌다.

b. 바로 체육관으로 가서 고강도 운동 수업에 참여한다.

c. 체육관으로 가서 헤드폰을 쓰고 운동하거나, 기분이 내킨다면 아는 사람과 잡담을 한다.

Q2

특별한 일이 있다. 어떻게 축하할까?

a. 몇 명의 친구나 가족과 식사를 한다.

b. 혼자 혹은 배우자나 친한 친구와 집에서 식사를 한다.

c. 아는 사람을 모두 불러서 크게 파티를 한다.

Q3

대규모 콘퍼런스나 행사에 참석해 달라는 요청을 받았다. 당신의 기분은?

a. 흥분된다. 나는 활기 있는 분위기와 새로운 사람들과의 교류를 좋아한다.

b. 행사의 종류에 따라 다르지만, 잠깐씩 조용한 시간을 가질 수 있다면 재미있을 것 같다.

c. 겁을 잔뜩 집어먹는다. 무슨 일이 생겨서 참석하지 못하게 되었으면 하고 마음속으로 바란다.

Q4

파티에 참석한 당신은 어디에서 발견될까?

a. 주방이나 다른 조용한 곳에서 일을 돕는다.

b. 사람들에게 둘러싸여서 그 자리에 있는 모든 사람과 인사를 나누고 이야기를 한다.

c. 댄스 플로어(댄스 플로어에서는 대화를 할 수 없으니까). 지나치게 자주 화장실로 도망친다.

Q5

회의에 참석해서 새로운 프로세스에 대한 상세한 프레젠테이션을 듣고 있다. 프레젠테이션 중에는 침묵을 지키고 회의 말미에 의견을 내달라는 요청을 받았다. 당신은 어떤 생각을 하고 있을까?

a. 불만스럽다. 나는 회의에서 이야기하는 것을 좋아하며 상호 작용이 거의 없는 이런 분위기에서는 활기를 잃는다.

b. 주제에 따라, 발표자에 따라 다르지만 끼어들 필요 없이 경청하는 것이 유용할 수도 있다.

c. 프레젠테이션을 경청하는 것은 이후 대화 시 질문할 내용을 취합하는 시간이 될 수 있다.

Q6

개인 사무실 대신 다른 두 부서와 공유하는 개방형 공간으로 자리를 옮겨야 한다는 소식을 들었다. 당신은 어떻게 반응할까?

a. 공황 상태에 빠진다. 주변에서 들리는 소음과 분잡한 분위기가 정신을 산란하게 한다. 나에게는 집중할 공간, 깊이 생각할 조용한 시간이 필요하다. 나는 차분한 환경을 선호한다.

b. 필요할 때 찾을 수 있는 조용한 공간이 있다면 괜찮다. 때로는 주변에 약간의 소음이 있는 것이 좋다.

c. 매우 기쁘다. 나는 혼자 일하는 것을 싫어하고 다른 사람과 교류하는 것을 좋아한다. 나는 바쁘게 돌아가는 들뜬 기분을 좋아하고 배경에 약간의 소음이 있는 것을 선호한다.

Q7

일 때문에 큰 부담을 느끼고 스트레스를 받고 있다. 긴장을 풀기 위해 무슨 일을 할까?

a. 친구들과 새벽까지 파티를 즐긴다. 이렇게 하면 항상 기분이 풀리곤 한다.

b. 집으로 가서 잠옷으로 갈아입고 혼자 책을 읽거나 드라마를 몰아서 본다.

c. 친구와 전화 통화를 하거나 이른 저녁을 먹으며 이야기를 나눈 뒤 집으로 돌아와 일찍 잠을 청한다.

새로운 프로젝트에 대한 이야기를 들었다. 당신은 어떻게 반응할까?

a. 잠깐 자리에서 벗어나 혼자 생각을 해본 후 몇몇 동료와 심도 깊은 이야기를 나눈다.

b. 바로 조치를 취하거나 아이디어를 브레인스토밍하는 것을 좋아한다. 사람들과의 교류를 통해서 문제를 해결하는 것을 좋아하기 때문이다.

c. 시간을 내서 문제를 깊이 생각해 보고 필요한 것이 무엇인지 고려한다. 나는 혼자 집중해서 문제를 해결하는 것을 선호한다.

출근할 때는 다른 사람과 함께 가는 것이 좋을까, 혼자 가는 것이 좋을까?

a. 나는 누군가와 함께 통근하면서 앞으로 맞이할 하루 혹은 지난 하루에 대해서 이야기하는 것을 좋아한다. 나는 조용히 있는 것을 싫어하고 대화하는 것을 좋아한다.

b. 나는 혼자 통근하면서 출근 전후 생각할 시간을 갖는 것을 좋아한다.

c. 혼자 통근하고 싶은 날도 있고 다른 사람과 함께 통근하고 싶은 날도 있다. 조용한 시간을 좋아하긴 하지만 때로는 이야기가 나누고 싶다. 균형이 필요하다.

신랑과 신부 외에는 아는 사람이 전혀 없는 결혼식에 초대받았다. 인원 제한 때문에 다른 사람을 데려갈 수는 없는 상황이다. 당신은 어떻게 반응할까?

a. 초대에 응하지 않는다. 신랑과 신부가 내게 시간을 할애할 수 없는 상황에서 하루 종일 낯선 사람들과 대화를 나누는 것은 어색하고 피곤하기 때문이다.

b. 받아들인다. 신랑과 신부는 내가 대화를 나눌 만한 사람들과 자리를 배치해 줄 테니까. 하지만 메인 행사에만 참석하고 피로연 전에 자리를 뜬다.

c. 받아들인다. 새로운 사람을 만날 기회인데 아는 사람이 없는 게 무슨 상관인가. 그날이 빨리 왔으면 하고 기다린다.

일이 끝나고 동료들과 술자리를 갖자는 초대를 받았다. 당신의 반응은?

a. 승낙하고 한 잔을 마신 후 집으로 간다. 무척이나 바쁜 날이었으니까.

b. 술자리를 마련하고 2차 장소까지 결정하는 것이 바로 나이다. 일과 후 스트레스를 푸는 가장 좋은 방법이다.

c. 예의 바르게 거절한다. 혼자 있고 싶기 때문이다.

당신이 이상적으로 생각하는 휴가는 다음 중 어떤 것일까?

a. 한적하고 아주 조용한 바닷가의 외딴 오두막에서 혼자 혹은 배우자나 친한 친구와 보낸다.

b. 친구들과 도시로 여행을 떠난다. 함께 여러 활동을 하되 각자 조용한 시간을 보낼 수 있는 침실이 마련된 숙소를 구한다.

c. 친구들과 여행을 가서 하루 종일 함께 어울리며 재미있는 활동을 한다.

내향적 성향 (■가 많은 경우)

인정이 많고, 예민하며, 정직하다.

당신은 내향적이다. 이는 수줍음을 탄다는 의미가 아니다. 아이디어와 경험으로 가득한 내적 세계로부터 에너지를 얻으며 자신의 생각, 기억, 감정에 대해서 깊이 생각하면서 재충전을 한다는 의미다. 사람들은 당신을 은밀하고 자족적인 사람으로 평가한다. 상황이나 사안이 중요한 경우에는 당신이 나서서 주도권을 잡기도 한다. 성찰을 통해 아이디어를 해결하고 에너지를 내부로 향하게 한다. 학습에는 조용한 숙고와 정신적 활동이 유용하며, 글(이메일, 문자 메시지, 메신저는 당신을 위해 만들어진 도구이다.)을 통한 소통을 선호한다.

외향적 성향 (✚가 많은 경우)

주변 환경에서 에너지를 얻는 것을 선호한다.

당신은 외향적이다. 그렇다고 무조선 '사교적'인 성격이라기보다는 사람과 활동이 연관된 외부 세계에 에너지를 집중하는 것을 선호하는 경향이 있다는 것을 의미한다. 당신은 에너지를 밖으로 돌리며, 다른 사람들과 사귀고 교류하면서 에너지를 얻는 것을 선호할 뿐 아니라 직접적인 행동을 취하는 데에서 에너지를 얻는다. 아마도 당신은 꽤 사교적일 테고 주변 환경에 잘 적응할 것이다. 당신은 대화를 통해서 아이디어를 처리하고, 이메일이나 문자 메시지 등 글을 이용하는 형식보다는 직접 만나거나 전화로 소통하는 것을 선호한다. 학습할 때도 마찬가지다. 당신은 직접적인 실행이나 토론을 통할 때 학습 효율이 가장 높다.

양향적 성향 (▲가 많은 경우)

내부와 주변 환경에서 균형 있게 에너지를 얻는 것을 선호한다.

당신은 외향적 성향과 내향적 성향의 가운데에 있다. 많은 사람이 이렇게 중간에 위치한다. 여기에는 아무런 문제도 없다. 오랜 시간 동안 세상이 외향적이라는 것을 배우고 당신의 행동을 거기에 맞게 적응시켜 왔을 수도 있다. 이런 일은 무의식적으로 일어나서 당신은 아마도 인지하지 못했을 것이다. 어쨌든 당신은 외부에서 에너지를 얻는 것을 좋아하는 만큼 거기에서 멀어지는 재충전의 시간도 필요로 한다. 외향성과 내향성에 대한 선호는 우리 삶의 초기에 발달하며, 나이가 들면서 균형을 잡아간다. 당신은 이미 외향성에 대한 선호와 내향성에 대한 비선호를 통합시킨(혹은 그 반대) 나이일지도 모르겠다. 우리는 각각의 선호에서 배움을 얻으며 둘 중 어떤 선호가 다른 것보다 우월하거나 열등하지는 않다.

02

나의 성격을 나타내는 색상은 무엇일까?

색상을 떠올릴 때 우리는 무의식적으로 어떤 특성을 연상한다. 빨간 자동차를 보면 빠른 속도감을, 노란 해바라기를 보면 행복을 떠올린다. 당신이 누군가에게 "나를 볼 때 연상되는 색상이 있어?"라고 묻는다면 대부분의 사람이 당신과 매치되는 색상을 바로 답할 것이다. 다른 사람이 생각한 당신을 표현하는 색상은 무엇인가? 그 색상은 당신의 성격을 얼마나 반영하는가? 당신이 생각할 때도 자신과 잘 매치되는 색상인가? 뒤쪽의 몇 가지 질문에 답을 하고 당신의 성격을 나타내는 색상을 찾아보자.

편집자 주 인사이트 디스커버리는 다수의 회사에서 업무 적성과 관련된 인적성 검사에 이용하는 프로그램이다. 조직 내에서 어떤 소통 방식을 취하는가를 검사 항목의 핵심으로 두고 있다. '소통'은 조직에서뿐 아니라 인간관계에서도 중요한 역할을 한다. 이 검사로 내가 어떤 방식으로 타인과 관계를 맺고 있는지 확인해 보는 것도 좋겠다.

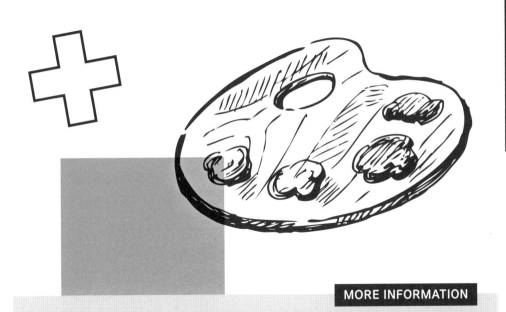

인사이트 디스커버리Insights Discovery®

이 테스트는 인사이트 디스커버리에서 영감을 얻은 것이다. 인사이트 디스커버리 시스템은 심리학자 카를 융의 이론을 바탕으로 한 심리 측정 도구이다. 스코틀랜드의 안디 로디언Andi Lothian과 앤디 로디언Andy Lothian 부자가 1980년대 후반에 개발했다.

인사이트 디스커버리 시스템은 자신과 다른 사람을 이해하는 강력한 체계로 직장에서 영향을 주는 관계들을 최대한 이용할 수 있도록 도와준다. 이 시스템은 간단한 네 가지 색상 모델을 이용해서 사람들이 자신의 강점 및 자신이 일하는 팀에 가져다줄 수 있는 것이 무엇인지 파악할 수 있게 한다. 불타는 빨강Fiery Red, 빛나는 노랑Sunshine Yellow, 생명감 넘치는 초록Earth Green, 차분한 파랑Cool Blue을 색상 에너지라고 부른다. 이들 에너지의 조합이 사람들이 어떻게, 왜 그런 식으로 행동하는지를 결정한다. 다음 유형의 기본적인 성향을 살펴보자.

빨강	지휘자	결단력 있고, 자립적이며, 용감한
주황	동기 부여자	적극적이고, 활발하며, 열정적인
노랑	격려자	사교적이고, 낙천적이며, 자기 표출적인
라임그린	조력자	사람을 끌고, 힘을 돋워주며, 이해심이 있는
초록	지원자	배려심이 있고, 협조적이며, 참을성이 있는
청록	조정자	사려 깊고, 외교적이며, 신뢰할 수 있는
파랑	관찰자	일관적이고, 신중하며, 체계적인
보라	개혁자	자기 관리가 철저하며, 헌신적이고, 실용적인

인사이트 디스커버리®를 더 자세히 알고 싶다면 170쪽의 자료를 참고하세요.

당신이 좋아하는 꽃은?

a. 해바라기

b. 붉은 장미

c. 금강초롱(블루벨bluebell)

청색이나 흰색의 작은 종 모양 꽃이 피는 식물

d. 설강화(스노드롭snowdrop)

이른 봄에 피는 작은 흰 꽃

Q2

가고 싶은 주말 여행지는?

a. 애인과 함께하는 바닷가

b. 친구들과 공연을 보러 갈 수 있는 활기찬 도시

c. 가까운 사람과 함께하는 전원

d. 가족과 함께하는 뜨거운 태양이 있는 곳

Q3

쉬는 날에는 무엇을 하고 싶은가?

a. 쇼핑과 사교

b. 야외에서 시간을 보낸다.

c. 친구나 가족과 시간을 보낸다.

d. 잠을 잔다.

Q4

지금 따뜻한 음료를 마신다면 어디에서
어떤 음료를 마시는 것이 좋을까?

a. 카페나 호텔에서 차를 마신다.

b. 집에서 책을 보면서 코코아를 마신다.

c. 세련된 바에 앉아 커피를 마신다.

d. 뒷마당에 앉아 허브차나 과일차를 마신다.

Q5

외출했는데 휴대 전화를 가지고 나오지 않았다.
다음 중 당신의 행동은?

a. 사람들을 구경한다.

b. 누군가와 대화를 시작한다.

c. 주위를 둘러본다.

d. 공상을 한다.

Q6

당신이 가장 좋아하는 풍경은?

a. 밤하늘

b. 아름다운 일출이나 일몰

c. 밤에 반짝이는 도시의 스카이라인

d. 숲

Q7

절대로 원하지 않는 직업은?

a. 회계사

b. 공장 근로자

c. 택배 배달원

d. 의사

Q8

당신을 가장 짜증 나게 하는 것은?

a. 시끄러운 소리

b. 우유부단함

c. 완고함

d. 무례함

Q9

당신은 쉽게 친구를 만드는가?

a. 아주 쉽다. 나는 친구가 많다.

b. 공통의 관심사나 연결 고리가 있다면 쉽다.

c. 대단히 어렵다. 하지만 유대가 형성되면 오래간다.

d. 곤란함을 느낀다.

Q10

당신은 집에 있을 때 어느 공간에서 대부분의
시간을 보내는가?

a. 마당이나 옥상, 집 외부의 어딘가

b. 주방

c. 거실

d. 침실

Q11

새로운 취미를 가진다면 무엇이 될까?

a. 악기 연주

b. 조경

c. 새로운 댄스 수업

d. 그림

Q12

가장 좋아하는 계절은?

a. 봄

b. 여름

c. 가을

d. 겨울

브라이트 레드 (✚가 많은 경우)

대담하고, 적극적이며, 자극적인 일을 좋아한다.

당신은 인생을 사랑하고 사람들을 알아가는 것을 좋아한다. 당신은 관심의 중심이 되는 것을 즐기는 사회적 동물이다. 분위기 메이커로 인식되는 때가 많으며, 사람들이 당신을 어떻게 생각하는지를 대단히 중요하게 생각한다. 당신은 야심만만하며 성취 욕구가 강하고 목표와 꿈을 이루기 위한 강한 추진력을 갖고 있다. 또 자기주장이 강하며 자기 의사를 표현하는 데 적극적이다. 주목을 받는 사람, 사람들이 동경하고 주시하는 사람이 되기를 가장 바란다.

에메랄드그린 (★이 많은 경우)

조용하고, 유순하지만, 자신의 가치관에 대해서는 열정적이다.

당신은 항상 자연 속으로 들어가 자신만의 조용한 방식으로 세상을 탐험하고자 한다. 당신은 조화에 가치를 두며 되도록이면 갈등을 피하지만, 누군가가 당신의 가치관에 반하는 행동을 하면 자신의 가치관을 방어하기 위해 열정적으로 나선다. 사람들과 함께 있는 시간이 지나치게 많으면 방전된다는 것을 스스로 잘 알고 있으며 자연과 함께할 때 재충전됨을 느낀다. 당신은 항상 자신의 가치관과 신념에 부합하는 대의를 추구한다. 배려심이 있는 열정적인 사람으로 여겨질 때 기분이 좋다.

선플라워 옐로 (■가 많은 경우)

낙천적이고, 자상하며, 상냥하다.

당신은 가족과 친구들을 매우 중요하게 생각하고, 그들과 함께 시간을 보내는 것을 좋아한다. 그러나 파티광은 아니며, 큰 파티보다는 모든 사람과 깊이 있는 대화를 나눌 수 있는 작은 모임을 좋아한다. 당신은 항상 밝은 면을 보고 사람들의 좋은 면을 찾으며 깊이 사랑한다. 모두가 당신을 항상 삶의 긍정적인 면을 찾는 배려심이 많은 행복한 사람으로 생각한다. 당신은 집에서든 직장에서든 대가족의 일부라는 느낌을 받고 싶어 한다. 당신에게 공동체는 당신의 존재를 확인할 수 있는 필수적인 부분이며, 당신이 온전함을 느끼는 장소이다.

스카이블루 (▲가 많은 경우)

믿을 수 있고, 조용하고, 사려 깊다.

당신은 재충전을 하기 위해, 각각의 결정이 올바른 선택이었는지를 심사숙고하는 혼자만의 시간을 갖는 것을 좋아한다. 이런 당신을 너무 혼자만의 생각에 빠져 있다고 말하는 사람들도 있지만, 이것은 당신이 주변 세상을 관리하는 나름의 방법이다. 또 정직함을 중시하고 삶에 느긋한 태도를 가지고 있지만, 뭔가를 하겠다고 하면 그 중요성을 확실히 이해하고 행동에 옮긴다. 아끼는 사람들이 당신을 필요로 할 때 항상 곁에 있어주지만, 여러 사람과 함께하기보다는 일대일 관계를 더 선호하는 경향이 있다.

03

나는
갈등 상황을
어떻게 해결할까?

갈등 상황에 부닥쳤을 때 그 상황을 즐기고 잘 헤쳐 나가는 사람이 있는가 하면, 손해를 감수하고라도 갈등을 피하려 하는 사람도 있다. 또 갈등을 좋아하지는 않지만 앞으로 나아가려면 해결해야 할 문제라고 인식하는 사람들도 있다. 이 테스트에서 당신은 자신과 주변 사람들의 갈등 해결의 선호를 확인하고, 그것을 통해 소통의 간극을 메우고 '갈등'을 '해결'로 전환하는 방법을 찾을 수 있을 것이다.

편집자 주 에니어그램이란 '에니어ennea(9, 아홉)'라는 단어와 '그라모스 grammos(도형·선·점)'라는 단어의 합성어이다. 즉 에니어그램은 그리스어로 '아홉 개의 점이 있는 그림'이라는 뜻이다. 원과 아홉 개의 점 그리고 그 점들을 잇는 선으로만 구성된 단순한 도형이지만 그 안에는 우주의 법칙과 인간 내면의 모든 것이 상징적으로 표현되어 있다.
에니어그램은 사람을 9가지 유형으로 분류할 수 있으며, 어떤 사람이라도 그중 하나의 유형에는 속할 수 있다고 본다. 물론 사람을 9가지 유형으로만 구분, 획일화해 놓은 것이 아니라 9가지 유형의 문을 통해 들어가는 성격의 문과 같은 것이다.

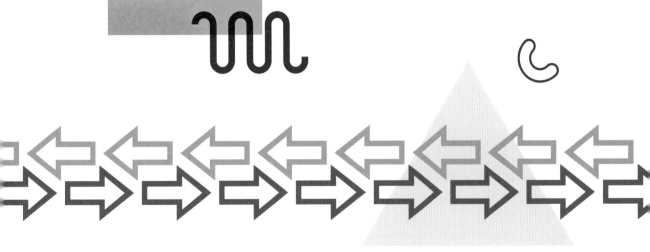

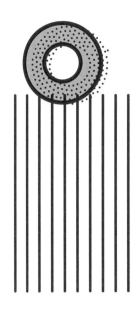

에니어그램 Enneagram®

이 테스트는 고대 전통에 뿌리를 두고 있는 심리학적 시스템인 에니어그램에서 영감을 얻은 것으로 인간 본성의 9가지 기본 성격 유형과 그들의 복잡한 상호 관계를 보여준다. 에니어그램은 남미 출신의 오스카 이카조Oscar Ichazo가 개발하였다.

에니어그램은 자기 계발과 혁신의 도구로 내적 장애를 극복하고, 성격 유형별 특유의 재능과 강점을 깨닫고, 인생의 궁극적인 방향을 발견하는 방법을 보여준다. 각 유형의 가장 깊은 곳에 있는 감정, 두려움, 욕망을 통찰함으로써 인간관계를 개선하고, 나쁜 습관을 버리고, 자기 인식을 발전시키는 데에도 사용할 수 있다. 9가지 성격 유형은 다음과 같다.

① 개혁가: 원칙적이고 이상주의적이다.
② 조력자: 배려심이 많고 대인 관계에 능숙하다.
③ 성취자: 적응력이 강하고 성공 지향적이다.
④ 개인주의자: 몽상적이고 내성적이다.
⑤ 연구원: 진지하고 지적이다.
⑥ 충신: 헌신적이고 안전 지향적이다.
⑦ 열렬한 지지자: 바쁘고 생산적이다.
⑧ 도전자: 영향력이 강하고 지배적이다.
⑨ 중재자: 여유로우며 자기를 내세우지 않는다.

에니어그램을 더 자세히 알고 싶다면 170쪽의 자료를 참고하세요.

갈등 상황에서 당신은 어떻게 할까?

a. 상호 양보와 타협을 목표로 한다.

b. 내 생각을 전달해서 상대를 이해시킨다.

c. 정중한 대화를 통해 모든 사람이 만족하도록 노력한다.

Q2

논쟁을 해소하기 위해 당신은 어떻게 할까?

a. 서로 양보해서 해결점을 찾는다.

b. 다른 사람의 선택에 맞춘다.

c. 내 주장을 강하게 내세운다.

Q3

갈등의 와중에 당신은 어떻게 할까?

a. 대화를 긍정적인 쪽으로 돌리려고 노력한다.

b. 사실을 직시하고 감정을 끌어들이지 않는다.

c. 입을 다문다. (그 상황이 주는 스트레스가 싫기 때문에)

Q4

합의에 이를 수 없을 때 당신은 어떻게 할까?

a. 차분하고 침착한 태도로 모두를 위한 해법을 찾기 위해 노력한다.

b. 문제를 제기하고 논의한 뒤, 결정을 내리는 사람이 없다면 직접 한다.

c. 다른 사람에게 미룬다.

Q5

당신은 갈등 상황을 어떻게 생각할까?

a. 스트레스로 느낀다. 갈등은 나를 불안하게 만든다.

b. 도전 의식을 갖고 즐긴다.

c. 상황의 모든 측면을 고려하는 것을 좋아한다.

보통 갈등을 부추기는 사람은 누구인가?

a. 나. 나는 열띤 논쟁을 좋아한다.

b. 내가 중요하게 생각하는 것이거나, 나의 가치관과 충돌하는 경우라면 반응한다.

c. 절대 갈등을 부추기지 않는다.

Q7

논쟁 상황에서 당신은 어떻게 할까?

a. 질문을 던져 상황을 진정시키고 모두를 만족시킬 방법을 찾는다.

b. 침묵을 지킨다.

c. 빠른 논란 해소를 위해 생각을 확실히 밝힌다.

Q8

누군가가 당신이 존경하는 사람의 험담을 한다면 당신은 어떻게 할까?

a. 자리를 피한다.

b. 이의를 제기하고 그들의 생각이 틀렸다고 말한다.

c. 나의 관점에서 그 사람을 볼 수 있도록 설득한다.

Q9

친구와 함께 공동 구매를 할 때 당신은 어떻게 할까?

a. 내가 원하는 것을 말하고 내가 결정을 내린다.

b. 친구와 나의 요구 사항을 나열하고 함께 결정한다.

c. 친구가 원하는 것을 듣고 그것을 받아들인다.

Q10

누군가가 친구나 동료에게 모욕적인 언행을 하는 것을 본다면 당신은 어떻게 할까?

a. 당황해서 자리를 피한다. 그들은 내가 그 장면을 보지 않기를 바랄 것이다.

b. 끼어들어서 상대방에게 소리를 지르며 친구를 보호한다.

c. 가서 도움이 필요하냐고 물어본다.

Q11

어떤 행사에 초대를 받지 못했다는 사실을 알게 된 당신은 어떻게 할까?

a. 모든 사람에게 내가 크게 실망했다는 것을 알리고 나도 상대를 행사에 초대하지 않겠다고 공언한다.

b. 상대에게 정당한 이유가 있을 것이라고 생각하고 내버려 둔다.

c. 상대에게 전화해서 그것이 실수인지 아니면 참석자에 제한을 두는 것인지 묻는다.

Q12

누군가가 당신에 대해 부정적인 언급을 한다면 당신은 어떻게 할까?

a. 그 사람을 한쪽으로 데려가 내가 그 일로 어떤 감정을 느끼는지 말하고, 어떻게 해야 나에 대한 그의 생각을 바꿀 수 있는지 묻는다.

b. 상대에게 공개적으로 이의를 제기하고 그들에게 할 부정적인 말을 많이 생각해 둔다.

c. 상황이 지나가기를 바란다.

Q1 a 2, b 3, c 1	Q4 a 2, b 3, c 1	Q7 a 2, b 1, c 3	Q10 a 1, b 3, c 2
Q2 a 2, b 1, c 3	Q5 a 1, b 3, c 2	Q8 a 1, b 3, c 2	Q11 a 3, b 1, c 2
Q3 a 2, b 3, c 1	Q6 a 3, b 2, c 1	Q9 a 3, b 2, c 1	Q12 a 2, b 3, c 1

불도저 (28~36)

자신이 원하는 것을 잘 알며 갈등을 두려워하지 않는다.

당신은 갈등을 즐기고 잘 대처하며, 자신의 입장을 내세우는 방법을 잘 알고 있다. 당신의 문제 대처 방식을 상당히 공격적이라고 받아들이는 사람도 있고, 당신으로 인해 언어적으로나 신체적으로 피해를 보는 사람도 생길 수 있다. 당신은 간혹 재미로 갈등을 일으키기도 하며 왜 다른 사람들이 그 갈등 상황을 개인적으로 받아들이는지 이해하지 못한다. 모든 것을 드러내는 편이 최선이라고 믿고, '악마의 변호인devil's advocate'(선의의 비판자. 열띤 논의가 이뤄지도록 의도적으로 반대 의견을 주장하는 사람)이 되어 반응을 유발하는 것이 새로운 아이디어를 찾고 문제를 해결하는 좋은 방법이라고 생각한다. 자신의 의견을 일방적으로 내세우기보다 다른 의견에도 귀를 기울여 균형잡힌 시각을 갖도록 노력해야 한다.

중재자 (20~27)

모든 사람에게 의견을 낼 기회를 주고 원만한 해결책을 찾는 것을 좋아한다.

당신은 모든 갈등 상황을 대화로 해결할 수 있다고 믿는다. 해결책을 찾고, 건전하고 긍정적인 방법으로 갈등을 해결하기 위해 노력한다. 당신은 자신의 의견을 당당히 표현하지만, 다른 사람의 의견에도 귀를 기울인다. 갈등 상황이 발생하면 당신은 관련된 모든 사람의 관점을 파악하면서 적절한 언어를 사용해 모든 사람을 만족시킬 수 있는 원만한 해결을 유도하려 애쓴다. 하지만 갈등을 즐기는 당신보다 강한 성격의 소유자가 주도권을 잡고 있다는 것을 인식했을 때 평화를 유지하기 위해 그 관점을 수용해야 하는 상황을 힘겹게 생각한다.

회피자 (12~19)

모든 갈등을 피하려 노력한다.

당신은 갈등을 해결하려고 노력하기보다 문제를 회피하고 아무것도 하지 않는 경향이 있다. 아무도 당신의 의견에 귀를 기울여주지 않는 데 좌절감을 느끼곤 하지만, 자신의 가치를 옹호하기 위해 나서는 것은 대단히 부담스럽고 겁나는 일이다. 갈등 상황에서 당신의 자연스러운 반응은 숨고 도망치거나 그냥 포기해서 논쟁을 피하는 것이다. 시간이 흐르면서 이런 일관된 회피 전략은 당신을 점점 불행하게 만든다. 당신은 스트레스를 받고 결국 갈등 상황에 감정이 폭발하고 만다. 갈등을 무조건 회피하기보다는 자신이 원하는 것을 조금이라도 표현할 수 있도록 노력해 보자.

> **편집자 주** 에니어그램은 균형을 추구하는 프로그램으로 어느 특질이 가장 두드러지는지를 도형으로 보여주기 때문에 인기가 있다. 이 책의 테스트에서는 이해하기 쉽도록 불도저 - 중재자 - 회피자로 단순화해 보여준다. 나의 행동 패턴이 어느 쪽으로 움직이는 중인지 알아볼 때 편리하게 사용할 수 있다.

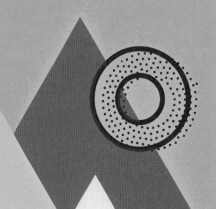

04

나는 어떤 유형의 우주 비행사일까?

어린 시절에는 누구나 장래 희망을 생각해 본다. 우주 비행사가 되어 달나라를 여행하겠다는 꿈을 꾸었던 사람도 있을 것이다. 우주를 탐험하는 데에는 매우 다양한 역량이 필요하다. 이 가벼운 테스트가 당신이 어떤 유형의 우주 비행사가 될 수 있는지, 가족과 친구들을 동반자로 삼을 수 있는지 판단하게 도와줄 것이다.

편집자 주 PCM은 문제 상황 예측 시스템으로 개발된 테스트이다. 이 테스트로 당신이 '혼자' 문제 해결을 좋아하는지 타인과 '협업'을 통한 문제 해결을 좋아하는지를 알 수 있을 것이다.

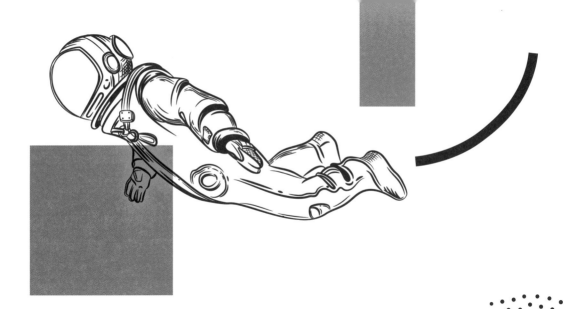

PCM Process Communication Mode®(프로세스 커뮤니케이션 모델)

이 테스트는 개인의 커뮤니케이션 선호를 확인하는 데 도움을 주는 PCM에서 영감을 받았다. PCM은 미국의 심리학자 탈비 칼러Talbi Kahler에 의해 개발되었으며, NASA는 1978년부터 1996년까지 우주 탐사 임무에 참여하는 우주 비행사들을 대상으로 이 테스트를 실시했다.

NASA에서 PCM 테스트를 높이 평가한 측면은, 우주 비행사들이 큰 중압감을 느끼고 있는 상황에서의 반응을 정확하게 예측할 수 있다는 점이었다. 보다 일반적인 상황에서 이 테스트는 갈등과 잘못된 커뮤니케이션을 이해하고 분석하는 도구로서 커뮤니케이션 개선을 위한 문제 해결 방법을 찾는 데 도움을 줄 것이다. PCM 모델은 사람을 6가지 성격 유형으로 분류한다.

① 사상가: 활동을 조직하고 상세한 계획을 세우는 데 탁월한 사람
② 고집쟁이: 자신의 가치관과 신념이라는 필터를 통해 세상을 보는 사람
③ 조화론자: 감정이라는 필터를 통해 세상을 보는 따뜻하고 온정적인 사람
④ 반항아: 다른 사람들이 문제만을 보는 상황에서 해결책을 찾는 창의적인 사람
⑤ 몽상가: 내성적이고 상상력이 풍부한 사람
⑥ 주창자: 매력적이고 호감이 가는 사람

PCM을 더 자세히 알고 싶다면 170쪽의 자료를 참고하세요.

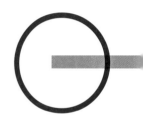

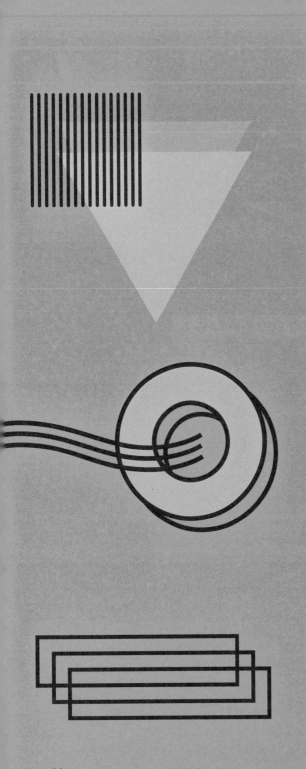

어린 시절에 별을 보면서 무슨 생각을 했나?

a. 별이 무척 예쁘다고 생각했다.

b. 그곳에 생명이 있는지 궁금했다.

c. 별에 가서 직접 탐험하고 싶었다.

d. 별들에 대한 모든 것을 배우고 싶어 했다.

Q2

인간이 정말로 달에 착륙했다고 생각하는가? 아니면 조작이라고 생각하는가?

a. 그렇다. 인간은 분명 달에 착륙했다. 놀라운 성과이다.

b. 그렇다. 하지만 그들이 우리에게 말하지 않는 무언가가 있다고 생각하며 더 많은 것을 알고 싶다.

c. 아마 그럴 것이다. 그런 저차원적 장비로 달까지 갔다는 데 놀라움을 느낀다.

d. 조작이라고 생각한다. 이치에 닿지 않는 것들이 너무 많다.

Q3

학교/대학 다닐 때 가장 좋아하던 과목은?

a. 생물학, 화학, 심리학

b. 수학, 물리학, 공학

c. 경영학, 지리학, 미술/음악

d. 스포츠, 정치, 과학

Q4

꿈꾸던 직업은?

a. 돈을 많이 버는 일

b. 회사의 경영자

c. 엔지니어

d. 과학자

Q 5

우연히 사고를 목격했다. 당신은 어떤 행동을 할까?

a. 119에 연락하고, 상황을 파악한 후, 사람들에게 할 일을 지시한다.

b. 책임자를 찾아서 어떻게 해야 하는지 묻는다.

c. 지원이 필요한 곳을 찾아 도움을 준다.

d. 사람이 많고 관여하고 싶지 않기 때문에 그냥 지나친다. 하지만 무슨 일이 일어났는지 모든 사람에게 알린다.

Q 6

당신이 학교/대학에서 맡았던 역할은?

a. 과학부의 행사 주관

b. 운동부 주장

c. 자전거·자동차·오토바이 수리

d. 항상 한쪽에서 돈 벌 궁리를 하는 익살꾼

Q 7

하루의 끝에 긴장을 풀기 위해 당신이 하는 일은?

a. 가까운 가족과 함께 식사를 하면서 모든 사람이 즐거운 시간을 보낼 수 있도록 배려한다.

b. 친구들과 파티를 한다.

c. 따뜻한 음료를 마시며 최신 과학 저널을 읽는다.

d. 뭔가를 고친다.

Q 8

팀 내에서 당신은 어떤 역할일까?

a. 행동가

b. 주최자(조직가)

c. 리더

d. 아이디어를 내는 사람

Q 9

당신을 가장 잘 보여주는 단어는?

a. 호기심이 많은

b. 투지가 넘치는

c. 기업가

d. 문제 해결사

Q 10

직장에서 정리 해고를 당했다면 당신은 어떻게 할까?

a. 슬픔과 좌절감에 빠진다. 하지만 결정을 받아들이고 다른 직장을 구할 수 있으리라고 생각한다.

b. 변화의 기회를 찾고 있었기 때문에 자기 사업을 시작한다.

c. 상황을 알고 회사에 가장 이익이 되는 것이 무엇인지도 알기 때문에 자원한다. 희생이 필요하다는 것을 이해한다.

d. 그들이 제공하는 모든 교육과 조언을 받은 후 새로운 일자리를 찾는다.

Q 11

당신은 외계인의 존재를 믿는가?

a. 그렇다. 다만 인공 지능의 형태일 수도 있다고 생각한다.

b. 우주에는 생명의 형태가 존재할 가능성이 높다. 하지만 인간과 같은 형태일 것이라고는 생각지 않는다.

c. 지금으로서는 아무런 증거가 없지만 미래에는 바뀔 수도 있다.

d. 그렇다. 나는 그들을 만나보기를 고대한다. 영화에서처럼 항상 우리를 죽이려고 하는 외계인이 아니라면 말이다.

Q 12

당신이 가장 좋아하는 우주 비행체는?

a. 달 착륙에 사용된 아폴로 11

b. 국제 우주 정거장

c. 우주 왕복선

d. 버진 갤럭티카 Virgin Galactica★(만들어진다면 멋질 것이다.)

★ 버진 캘럭틱 사의 민간 우주 여행 프로젝트에서 나온 이름으로 일반인이 탑승할 수 있는 꿈의 우주선을 의미한다.

사령관 (■가 많은 경우)

전체적인 임무의 성공, 승무원의 안전, 우주 정거장을 책임진다.

모두가 당신을 의지한다. 사람들은 당신에게 와서 조언과 지도를 구한다. 그들은 당신이 자신들을 옳은 방향으로 이끌 수 있다고 생각한다. 당신은 중압감을 가지면서도 자신감과 확신을 잃지 않으며 어떻게 사람들을 이끌어야 하는지 알고 있다. 당신은 모든 사람을 보살피고, 모두를 한 팀으로 묶는다. 어려운 결정을 내려야 할 때는 관련된 모든 사람에게 미치는 영향을 고려한다. 때로는 전체의 목표를 이루기 위해서 희생이 필요하다는 점도 잘 알고 있다.

항공 엔지니어 (✚가 많은 경우)

전체적인 임무의 성공, 엔지니어링과 통제, 과학적 지원을 책임진다.

당신은 팀 모두가 필요로 하는 사람, 조용히 자신감 있게 일을 처리하는 사람이다. 모든 측면을 살펴 해법을 찾고 결과를 달성하기 위해 적절한 결정을 내린다. 명확한 과제와 목표만 주어진다면 당신은 자신의 페이스대로 일을 진행하면서 전체 목표를 달성하는 데 도움을 준다. 당신은 리더의 역할을 하는 것은 좋아하지 않으나 모든 훌륭한 리더가 필요로 하는 필수적인 조력자이다. 아이디어를 자신이 먼저 브레인스토밍한 뒤 팀과 공유하는 것을 좋아한다.

과학 담당관 (▲가 많은 경우)

주로 우주 정거장의 과학 실험을 책임진다.

당신은 패턴을 찾는 것을 좋아하고, 논리적인 결과를 찾기 위해 스스로 분석하고 처리하는 것을 선호한다. 세상에는 미지의 것들이 너무나 많이 존재한다. 당신은 그 가운데에서 답을 찾고 있다. 그 안에는 사물, 사람, 주변 세계 간의 상호 작용으로 진화하는 방식에 대한 논리가 있으며 모든 것이 연결되어 있다. '밀림에 있는 나비의 날갯짓이 정말 미국에서 토네이도를 유발할까?' 당신은 큰 그림에 주의를 기울이면서도 세부적인 것으로 초점을 옮겨 필요한 답을 찾을 수 있다. 항상 다음 내놓을 중요한 아이디어에 관심을 기울이고 있다.

우주 비행 참가자 (★이 많은 경우)

우주 관광객, 당신은 우주여행을 위해 함께하고 있다.

당신은 인생을 사랑하며, 세상을 모조리 탐험하고, 사진을 찍고, 어디든 처음 발을 딛고, 자신의 이야기를 전하는 것을 좋아한다. 인생은 모험이다. 당신은 인생을 마음껏 즐기고 싶어 한다. 진지해지기에 인생은 너무나 짧다. 당신은 일하기 위해 사는 것이 아니라 살기 위해 일한다. 하지만 모든 꿈을 달성하려면 야심과 추진력이 필요하다는 것도 잘 알고 있다. 긍정성에 집중한다는 것은 당신이 삶에서 원하는 모든 것을 온전히 경험하고자 한다는 것을 의미한다.

05

내가 좋아하는 커뮤니케이션 스타일은?

내가 정보를 받아들이는 방식이 다른 사람과 다르다는 생각을 한 적이 있는가? 당신이 좋아하는 소통 방식이 무엇인지 파악하는 것은 다른 사람들과의 소통 능력을 향상시키는 것은 물론이고 학습, 자기 계발, 커뮤니케이션, 심지어는 설득력을 높이는 데까지 큰 도움을 줄 수 있다. 다음에 이어지는 테스트를 통해서 당신의 스타일을 찾아보자.

편집자 주 NLP는 당신이 어떤 정보를 우선해서 판단하는가를 알려주는 테스트이다. 이것은 성격이나 소통 유형과는 별도로 당신의 정보 처리 과정을 설명한다. 인간의 뇌는 정보 처리 과정을 단순화하는 버릇이 있다. 그 단순화의 과정이 무엇을 기준으로 하는지, 내가 항상 놓치는 부분이 무엇인지 알고 싶다면 유용한 테스트가 될 것이다.

NLP Neuro~Linguistic Programming®(신경 언어 프로그래밍)

이 테스트는 NLP 커뮤니케이션 모델에서 영감을 얻었다. NLP는 존 그린더John Grinder와 리처드 밴들러Richard Bandler가 개발하였으며 우리가 우리 자신과 다른 사람들과 소통 및 상호 작용을 하는 방법의 모델로 시작되었다. NLP는 외부로부터 들어오는 정보를 처리하는 방법과 그것을 내부에서 처리하는 방법을 설명한다.

우리의 정신은 1초당 약 200만 개의 정보를 받아들이고 처리한다. 무의식은 이 정보를 여과시켜 더 쉽게 관리할 수 있도록 만든다. 1950년에 행해진 많은 연구는 이 여과 과정이 정보를 1초당 7비트(+/~2)로 압축할 수 있음을 보여주었다. 정보를 받아들이고 소통하는 것에 대한 우리의 선호가 어떤 것인지는 반드시 알아두어야 한다. 우리는 표상 시스템이라고 부르는 시각, 청각, 촉각, 후각, 미각의 5가지 감각을 통해 정보를 받아들인다. NLP의 VAK(시각, 청각, 촉각) 테스트를 통해 정보 수신과 소통에 대한 선호도를 판단할 수 있다. 이 테스트는 사람들을 네 개의 범주로 나눈다.

① 시각(Visual, V): 보는 것을 선호

② 청각(Auditory, A): 듣는 것을 선호

③ 촉각(Kinesthetic, K): 만지고 느끼는 것을 선호

④ 청각 디지털(Auditory Digital, AD): 표상을 자극하지 않는 논리와 데이터 선호

NLP를 더 자세히 알고 싶다면 170쪽의 자료를 참고하세요.

이것은 당신이 선호하는 표상 시스템을 파악하는 간단한 테스트이다. 더 간단하게 표현하자면 우리가 정보와 경험을 생각하고 처리하는 방법과 관련된 테스트이다. 다음 각각의 진술에 대해서, 다음 시스템을 사용해 모든 문장에서 당신의 선호를 나타내는 숫자를 고르면 된다.

※주의: 질문당 각 숫자를 한 번씩만 사용할 수 있다.

4. 당신을 가장 잘 설명했을 때.
3. 그다음으로 당신을 잘 설명했을 때.
2. 그다음으로(3에 비교해서) 당신을 잘 설명했을 때.
1. 당신을 잘 설명하지 못했을 때.

빠르고 솔직하게 답을 한다. 정답이나 오답은 존재하지 않는다.

Q1

당신은 중요한 결정을 앞두고 있다.
선택의 기준이 되는 것은 무엇일까?

a. 직감과 직관 _____
b. 가장 적절하게 들리는 것 _____
c. 가장 적절해 보이는 것 _____
d. 사안을 검토하고 조사한 후 가장 논리적인 선택지 _____

Q2

토론 중에 당신은 어떤 것에 가장 크게 영향을 받을까?

a. 사람이 말하는 내용 그리고 그들의 어조 _____
b. 다른 사람의 관점이 보이는지 여부 _____
c. 주제에 대한 논거의 논리 _____
d. 그 사람의 주장에 대한 나의 느낌 _____

Q3

당신은 ○○을 통해서 무슨 일이 일어나고 있는지를 쉽게 전달할 수 있다.

a. 나의 모습 _____
b. 내가 공유하는 느낌 _____
c. 내가 선택하는 단어 _____
d. 나의 어조 _____

Q4

당신은 ○○이 가장 쉽다고 생각한다.

a. 음악 재생기의 이상적인 음량과 조정 상태를 찾는 것 _____
b. 흥미로운 주제에서 가장 지적 관련성이 높은 사항을 선택하는 것 _____
c. 편안한 가구를 선택하는 것 _____
d. 방의 색상 조합을 선택하는 것 _____

Q5

당신을 가장 잘 설명하는 것은?

a. 나는 주변의 소리에 민감하다. _____
b. 나는 새로운 사실과 데이터를 잘 파악한다. _____
c. 나는 옷을 입었을 때 어떤 느낌인지에 민감하다. _____
d. 나는 색상과 공간의 모습에 강하게 반응한다. _____

Q6

긍정적인 대답으로 어떤 것을 선호하는 가?

a. 잘 알아들었습니다. _____
b. 이치에 닿는군요. _____
c. 보기가 좋네요. _____
d. 느낌이 좋네요. _____

Q7

집을 고를 때 가장 우선적으로 고려하는 것은?

a. 집에 들어섰을 때 어떤 느낌인지, 이 집에 산다면
어떤 느낌일지　　　　　　　　　　　　 ＿＿＿

b. 난방, 전기 요금 등이 얼마나 나올지　　 ＿＿＿

c. 집의 외관이나 집이 위치한 지역이 어떤 모습인지 ＿＿＿

d. 도로, 이웃 등으로 인한 소음이 어느 정도인지 ＿＿＿

Q8

**당신이 생각할 때 가장 훌륭한 프레젠테이션을
묘사한 것은?**

a. 발표자와 연결되어 있다고 느낀다. 자료는
이해하기 쉽다.　　　　　　　　　　　 ＿＿＿

b. 영상 장치가 있어서 내용을 시각화할 수 있다. ＿＿＿

c. 사실과 수치에 기반한 논리적인 발표가 이루어지고
있다.　　　　　　　　　　　　　　　　 ＿＿＿

d. 명확하게 들린다. 발표자가 다양한 조성調聲으로
분명하게 말한다.　　　　　　　　　　　 ＿＿＿

Q9

당신이 생각할 때 가장 멋진 휴가를 묘사한 것은?

a. 이번 휴가는 비용, 위치 등의 면에서 적절하다. ＿＿＿

b. 물의 색상, 하늘, 밝게 빛나는 태양, 풍경　 ＿＿＿

c. 모래의 느낌, 얼굴에 부딪치는 바람, 따스한 햇빛 ＿＿＿

d. 바람 소리, 새소리, 파도가 내는 굉음　　 ＿＿＿

Q10

당신은 ○○ 때 변화를 경험한다.

a. 상황이 다르게 느껴지기 시작할 때　　　 ＿＿＿

b. 상황이 다르게 보이기 시작할 때　　　　 ＿＿＿

c. 상황이 이치에 닿거나 닿지 않기 시작할 때 ＿＿＿

d. 상황이 다르게 들리기 시작할 때　　　　 ＿＿＿

Q11

**새로운 프로젝트를 맡았다.
가장 당신을 잘 표현한 것은?**

a. 필요한 일이 무엇인지 보고 있다.　　　　 ＿＿＿

b. 새로운 사실과 자료를 이해할 수 있다.　　 ＿＿＿

c. 필요한 일이 무엇인지 듣고 있다.　　　　 ＿＿＿

d. 무엇을 해야 하는지 느낄 수 있다.　　　　 ＿＿＿

Q12

**중요한 발표가 있다.
가장 당신을 잘 표현한 것은?**

a. 나는 큰 그림을 볼 수 있다.　　　　　　 ＿＿＿

b. 나는 그들이 무슨 이야기를 하는지 듣는다. 이야기를
하거나 들음으로써 더 많은 정보를 얻을 수 있다. ＿＿＿

c. 나는 여기에서 무슨 일이 일어나고 있는지
느낄 수 있다.　　　　　　　　　　　　 ＿＿＿

d. 나는 이 일들을 이해할 수 있다.　　　　　 ＿＿＿

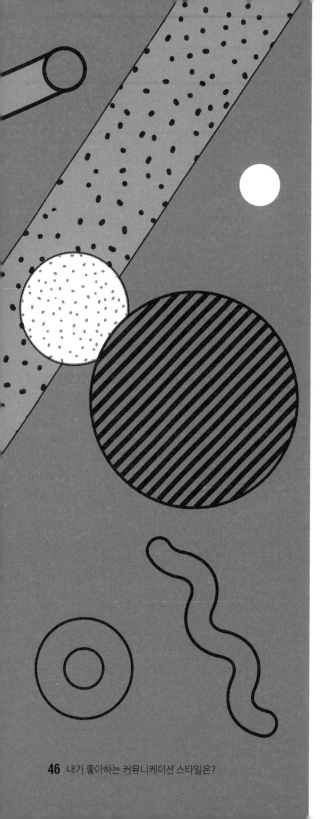

결과: 내가 좋아하는 커뮤니케이션 스타일은?

각 실문에 해당하는 점수를 문자 옆의 공간에 적어라. 예를 들어 Q1에서 d 문항에 4점을 줬다면 아래 표의 문제 1번 d 옆에 4를 적는다. 각 세로 단의 총점이 네 가지 주요 표상 시스템에 대한 당신의 선호도를 보여준다. 가장 높은 점수를 보여주는 것이 당신의 스타일이다. 하지만 한 스타일만을 이용하는 것은 아니기 때문에, 점수를 통해 차순위의 커뮤니케이션 유형이 무엇인지도 판단할 수 있다.

1	c ___	b ___	a ___	d ___
2	b ___	a ___	d ___	c ___
3	a ___	d ___	b ___	c ___
4	d ___	a ___	c ___	b ___
5	d ___	a ___	c ___	b ___
6	c ___	a ___	d ___	b ___
7	c ___	d ___	a ___	b ___
8	b ___	d ___	a ___	c ___
9	b ___	d ___	c ___	a ___
10	b ___	d ___	a ___	c ___
11	a ___	c ___	d ___	b ___
12	a ___	b ___	c ___	d ___
총점	보기 ___	듣기 ___	느끼기 ___	논리 ___

당신은 시각적이다.

당신은 정보를 시각적인 형태로 받아들이는 것을 선호한다. 그것이 글로 쓰인 것이든, 그림으로 그려진 것이든, 아니면 주변의 세상을 보는 것이든 말이다. 당신은 "그림이 그려진다.", "훤히 보인다.", "큰 그림을 보고 싶다." 등의 말을 사용한다. 정보를 받아들이거나 학습할 때는 이미지, 비디오, 색상을 이용해 해야 할 일을 파악하는 것을 선호한다. 혹 단어를 좋아하더라도 당신은 단어들 역시 이미지로 분해하는 것을 선호한다.

당신은 청각적이다.

당신은 소리를 통해 정보를 받아들이는 것을 선호하고, 듣고 말하는 것을 좋아한다. 당신은 "알아듣겠다.", "괜찮은 소리인데.", "그런 소리 하지 마."와 같은 문구를 자주 사용한다. 당신은 소리에 민감하기 때문에 학습 수단이나 생각을 하고 사고를 처리하는 데 도움을 주는 수단으로 팟캐스트나 오디오 북에 매력을 느낀다.

당신은 느낌을 중시한다.

당신은 만지거나 쥐는 등의 감각을 통해 정보를 받아들이는 것을 선호한다. 사물들과 상호 작용을 통해 학습하기 때문에 프레젠테이션을 따라가기 어려울 때가 많다. 종종 펜을 만지작거리거나, 쿠키를 먹고, 컵을 쥐는 등 손을 바삐 움직일 것이고 감각과의 상호 작용을 우선할 것이다. 당신은 스스로가 대상과 접촉했을 때 어떤 느낌인지, 옷을 입었을 때 어떤 느낌에 민감하다는 것을 발견하게 될 것이다. 당신은 아마 "그게 옳다는 느낌이 들어.", "느낌이 영 오지 않는데."와 같은 말을 사용할 것이다.

당신은 논리적이다.

당신은 어떤 일이 일어나고 있는지 이해하기 위해 사실을 수집하고 데이터를 처리하는 것을 선호한다. 당신은 눈앞에 제시된 정보를 조사하고 파악하면서 학습을 한다. 가지고 있는 정보가 이치에 닿지 않으면 더 많은 데이터와 더 많은 사실이 있어야 한다. 프레젠테이션에서는 주장을 뒷받침하는 모든 데이터를 받아보길 원하는 사람이다. 보기가 좋은지는 상관이 없다. 당신이 원하는 것은 데이터 그 자체이다. "이해가 간다.", "그 논리가 맞지."와 같은 말을 종종 사용한다. 당신은 배움을 심화시키는 심층적인 글에 매력을 느낄 것이다.

EPI 테스트

06 나는 과민한가, 안정적인가?

'과민하다'는 말은 부정적인 특성으로 여겨질 때가 많다. 하지만 우리 모두는 삶에서 어떤 형태이든 신경증을 겪는다. 중요한 것은 그 수준이 어느 정도인가이며 이를 파악하는 것은 적절한 부분에서 도움을 구할 수 있게 해준다. 다음 테스트에서 당신의 신경증이 어느 정도인지 파악할 수 있을 것이다. 이를 통해 당신 자신과 다른 사람들에게 어떻게 도움을 주는 것이 좋을지 알 수 있다.

아이젠크 성격 목록 The Eysenck Personality® Inventory, EPI

이 테스트는 아이젠크 성격 목록에서 영감을 받은 것이다. 1964년 한스 아이젠크 Hans Eysenck와 시빌 아이젠크 Sybil Eysenck가 외향-내향과 과민-안정의 두 가지 광범위한 성격 유형의 차원을 측정하기 위해 아이젠크 성격 목록을 개발했다. 아이젠크 성격 목록은 그리스의 기질 이론(다혈, 담즙, 점액, 우울)에 대한 한스의 관심으로부터 발전했다.

EPI는 비교적 단순한 자기 보고 도구로 여겨지며 57개의 문항에 '예/아니오'로 답하도록 구성되어 있다. 57개 답변에 대한 총점을 내어 외향성과 과민성은 물론이고 타당성 점수 (즉 허위 척도)를 구한다. 테스트를 하는 사람들은 이 두 차원에서 '높음'이나 '낮음'으로 분류된다. '허위 척도 lie scale'는 9점을 만점으로 한다. 허위 척도는 대답을 하는 과정에서 당신이 얼마나 사회적으로 바람직해 보이려 하는지를 측정한다. 이 척도의 점수가 5점 이상인 사람들은 자신이 좋은 모습으로 보이도록 애쓰고 있으며 질문에 솔직하게 답변하지 않았을 가능성이 높다. 어떤 테스트건 정직하지 못한 답변은 문제가 된다.

① 외향적: 사회적, 태평한, 낙천적으로 보임
② 내성적: 조용하고, 자기 성찰적이며, 내성적으로 보임
③ 신경(과민)증: 정서적 고통과 불안정을 일으키기 쉬움
④ 안정적: 일반적으로 차분하고 정서적으로 안정적임

아이젠크 성격 목록을 더 자세히 알고 싶다면 170쪽의 자료를 참고하세요.

Q1

다른 사람들로부터 위협을 느낀다.

a. 매우 그렇다.

b. 그렇다.

c. 그렇기도 하고 아니기도 하다.

d. 그렇지 않다.

e. 전혀 그렇지 않다.

Q2

매일 밤 걱정 속에 잠이 든다.

a. 매우 그렇다.

b. 그렇다.

c. 그렇기도 하고 아니기도 하다.

d. 그렇지 않다.

e. 전혀 그렇지 않다.

Q3

쉽게 당황한다.

a. 매우 그렇다.

b. 그렇다.

c. 그렇기도 하고 아니기도 하다.

d. 그렇지 않다.

e. 전혀 그렇지 않다.

Q4

늘 최악을 생각하고 두려워한다.

a. 매우 그렇다.

b. 그렇다.

c. 그렇기도 하고 아니기도 하다.

d. 그렇지 않다.

e. 전혀 그렇지 않다.

Q5

일이 늘 내가 원하는 대로 잘 풀릴
것이라고 생각한다.

a. 매우 그렇다.

b. 그렇다.

c. 그렇기도 하고 아니기도 하다.

d. 그렇지 않다.

e. 전혀 그렇지 않다.

Q6

매사에 낙천적이며, 행복하다고
느낀다.

a. 매우 그렇다.

b. 그렇다.

c. 그렇기도 하고 아니기도 하다.

d. 그렇지 않다.

e. 전혀 그렇지 않다.

Q7

감정의 기복이 심하다.

a. 매우 그렇다.

b. 그렇다.

c. 그렇기도 하고 아니기도 하다.

d. 그렇지 않다.

e. 전혀 그렇지 않다.

Q8

자신의 모습을 좋아한다.

a. 매우 그렇다.

b. 그렇다.

c. 그렇기도 하고 아니기도 하다.

d. 그렇지 않다.

e. 전혀 그렇지 않다.

Q9

불행할 때가 많다.

a. 매우 그렇다.

b. 그렇다.

c. 그렇기도 하고 아니기도 하다.

d. 그렇지 않다.

e. 전혀 그렇지 않다.

Q10

여러 가지에 대해 염려한다.

a. 매우 그렇다.

b. 그렇다.

c. 그렇기도 하고 아니기도 하다.

d. 그렇지 않다.

e. 전혀 그렇지 않다.

Q11

어떤 실수도 나 자신의 탓이라고
생각한다.

a. 매우 그렇다.

b. 그렇다.

c. 그렇기도 하고 아니기도 하다.

d. 그렇지 않다.

e. 전혀 그렇지 않다.

Q12

미래는 스스로 창조하는 것이라고
믿는다.

a. 매우 그렇다.

b. 그렇다.

c. 그렇기도 하고 아니기도 하다.

d. 그렇지 않다.

e. 전혀 그렇지 않다.

당신의 과민성 수준은 평균보다 낮다. (12~28)

당신은 정서적으로 대단히 안정적이다. 인생에서 늘 긍정적인 면을 찾고 모든 문제가 자신을 성장시키는 밑거름이라고 생각한다. 당신은 인생을 일련의 단계들로 생각하며, 자신의 통제 범위 안에 있다고 생각하는 것들에만 집중한다. 이런 정서적 안정성 때문에 사람들이 당신에게서 진정 효과를 발견하며, 당신을 부정적인 상황을 긍정적으로 바꾸어 놓는 사람으로 인식한다. 물론 이런 특성을 짜증스럽게 여기는 사람도 있겠지만 말이다. 당신은 부정적인 감정을 통제하고 관리할 수 있으며, 그것을 빨리 처리하는 방법을 알고 있다.

당신의 과민성 수준은 평균이다. (29~44)

당신은 다른 사람에 비해 쉽게 화를 내지 않는 편이며 가능한 한 대부분의 일에 대해 긍정적이고 낙관적인 태도를 유지하려고 한다. 그렇지만 살다 보면 누구나 스트레스나 어떤 사건으로 인해 부정적인 분위기를 경험하기 마련이다. 이 점을 인식한다면 부정적 사이클에서 빠져나와 평정을 유지하고 적절한 결정을 쉽게 내리는 방법을 찾을 수 있다. 이런 부정적인 감정이 강해지는 때를 인식하는 것은 자기 인식의 개발과 자신의 에너지와 감정이 다른 사람에게 영향을 주는 방식에 큰 의미를 갖는다. 이런 부정적인 감정이 자리를 잡는 때를 인식함으로써 감정의 균형을 찾고 긍정적인 사고방식으로 되돌아오는 방법을 배울 수 있다.

당신의 과민성 수준은 평균보다 높다. (45~60)

당신은 불안, 두려움, 분노, 슬픔, 상처, 죄책감 등의 부정적인 감정을 높은 수준으로 경험하는 사람이다. 특히 이런 감정 중 하나가 당신에게 큰 영향을 줄 경우, 여러 상황에서 당신은 다른 사람보다 훨씬 부정적인 방식으로 반응할 수도 있다. 당신의 반응은 정상보다 강도가 높은 경우가 많다. 당신은 아주 사소한 불만도 가망이 없이 어려운 일로 해석하곤 한다. 일반적인 상황을 위협적인 상황으로 해석하는 것도 흔한 일이다. 당신은 자신의 감정을 소통시키는 것을 어렵게 느끼며, 다른 사람은 당신을 늘 기분이 나쁘거나 처져 있는 사람으로 본다.

07

나는 스스로에게 솔직한가?

소셜 미디어와 '좋아요', 팔로어들이 큰 의미를 갖는 세상이다 보니, '좋아요'의 대상이 되겠다는 니즈가 무엇보다 중요한 고려 사항처럼 보인다. '그들의 삶'을 보여주는 이미지를 포스팅 하면서 좋은 부분의 단면만을 보여주고, 지루하고 일상적이고 좋지 못한 부분을 공유하지 않는 사람이 점점 많아지고 있다. 우리가 외부세계에 보여주는 것은 종종 우리가 스스로에게 얼마나 솔직한가를 반영한다. 스스로에게 정직할 수 없다면 어떻게 세상에 정직할 수 있을까? 다음의 테스트를 통해 스스로에게 얼마나 솔직한지 확인해 보자.

헥사코 성격 구조 목록 모델The Hexaco Model of Personality Structure Inventory®

이 테스트는 헥사코 성격 구조 목록 모델에서 영감을 받았다. 헥사코 모델은 2000년 이기범 박사와 마이클 C. 애시튼Michael C. Ashton 박사가 개발을 시작했다. 이 연구의 목표는 현대적인 방식으로 성격을 테스트하고 분석하는 것이었다.

이 모델은 20세기 초 개발된 '5대 성격 요인Big Five Personality Factors'의 아이디어를 이용한다. 이후 이전까지 인지되지 않았던 여섯 번째 요소(정직-겸손)가 발견되었다. 이렇게 만들어진 6대 성격 요인은 다음과 같다.

① **정직-겸손(Honesty-Humility, H)**

　진실한, 정직한, 충실한, 겸손한 / 교활한, 부정직한, 탐욕스런, 가식적인, 뽐내는, 거만한

② **정서성(Emotionality, E)**

　감정적인, 과민한, 감상적인, 걱정하는, 연약한 / 용감한, 냉정한, 독립적인, 자신감 있는, 안정적인

③ **외향성(Extraversion, X)**

　외향적, 적극적, 활발한, 사교적, 수다스러운, 명랑한 / 수줍음이 많은, 수동적, 내성적, 속을 드러내지 않는

④ **우호성(Agreeableness, A)**

　인내심이 많은, 아량 있는, 평화적인, 관대한, 온화한 / 성미가 까다로운, 싸움을 좋아하는, 완고한, 성마른

⑤ **성실성(Conscientiousness, C)**

　체계적, 자제력이 있는, 부지런한, 배려심이 깊은, 꼼꼼한, 정확한 / 엉성한, 태만한, 부주의한, 게으른, 무책임한

⑥ **개방성(Openness to Experience, O)**

　지적, 창의적, 비전형적, 혁신적, 역설적인 / 피상적인, 상상력이 부족한, 전형적인

헥사코 성격 구조 목록 모델을 더 자세히 알고 싶다면 170쪽의 자료를 참고하세요.

Q1

친구가 계속 문자 메시지를 보내면서 나와 이야기를 해야 한다고 한다. 하지만 당신은 그렇게 중요한 일이 아니라는 것을 알고 있다. 어떻게 할까?

a. 무시한다. 이후 덜 바쁠 때 전화를 한다.

b. 바로 전화를 한다.

c. 무시한다. 이후 회의 중이었다고 둘러댄다.

d. 무시한다. 다음에 만났을 때는 문자 메시지를 보지 못했다고 말한다.

Q2

어떤 사람에게 끌림을 느꼈다. 당신은 그 사람에게 만나보자고 청할까?

a. 그렇다. 밑져야 본전이니까.

b. 상대의 관심도를 알아보기 위해 친구로서 술 한잔하자고 청한다.

c. 아니다. 하지만 몰래 상대의 SNS를 검색해 우연한 만남의 기회를 찾는다.

d. 아니다. 나에게 벅찬 상대이다. 나를 만나주지도 않을 것이다. 그냥 잊어버리는 것이 낫다.

Q3

애인에게 선물을 받았다. 하지만 당신 마음에 들지 않는다. 당신은 어떻게 할까?

a. 마음에 든다고 말하고 서랍에 처박아 둔다. (나중에 기부나 해야지.)

b. 고맙다고 말하고 장식해 둔다. 하지만 이후 우연히 깨뜨리거나 잃어버린다.

c. 흠이 있다고 말하고 수리나 교환을 할 수 있느냐고 묻는다. (나중에 내 맘에 드는 것으로 바꿔야지.)

d. 정중하게 내 취향이 아니라고 말하고 다른 것으로 교환해도 되겠느냐고 묻는다.

Q4

정말 가고 싶지 않은 곳에 휴가를 가자는 초대를 받았다. 당신은 어떻게 할까?

a. 정중하게 거절하고 내 취향이 아니라고 말한다.

b. 갈 수 있을지 확실치 않으니 나중에 연락하겠다고 말한다.

c. 초대에 응한다. 이후 가지 않아도 될 만한 핑곗거리를 찾는다.

d. 어쩔 수 없이 응한다. 인원수를 채워야 한다는 것을 알기 때문이다.

Q5

당신이 꿈꾸는 직장에서 직원 모집 광고를 냈다. 하지만 당신의 스펙은 그쪽에서 제시한 기준의 50%밖에 충족시키지 못한다. 당신은 어떻게 할까?

a. 지원하지 않는다. 조건의 50%로는 취직할 수 없을 것이다.

b. 이력서와 자기소개서를 거짓으로 작성한다. 취직만 되면 어떻게든 속여 넘길 수 있을 것이다.

c. 명확하지 않은 표현을 사용한 뒤 그들이 눈치채지 못하기를 바란다.

d. 어쨌든 지원한다. 완벽한 사람은 없다. 잃을 것이 없지 않은가. 자기소개서를 솔직하게 쓴다.

Q6

누군가 직업이 뭐냐고 물으면 당신은 어떻게 할까?

a. 정확하게 무슨 일을 하고 있는지 말한다.

b. 하고 있는 일을 낮추어서 말한다.

c. 화제를 전환한다.

d. 내가 하는 일을 실제보다 더 흥미롭게 보이도록 포장하여 말한다.

Q7

당신은 진실을 말하는 것을 어떻게 생각하는가?

a. 보통은 최선이지만 항상 그런 것은 아니라고 생각한다.

b. 대답하기 전에 주의 깊게 고려해 보아야 하는 문제라고 생각한다.

c. 각자 진실에 대한 자기만의 기준을 갖고 있기 때문에 누구도 진정으로 진실만을 말하지는 않는다고 생각한다.

d. 진실을 말하는 것은 당연한 일이라고 생각한다. 거짓말을 정당화할 수 있는 이유는 존재하지 않는다.

Q8

당신에게는 자신의 의견을 공유하고 사람들로 하여금 듣게 하는 것이 쉬운 일인가?

a. 매우 쉽다.

b. 대부분의 경우는 가능하다.

c. 상황에 따라 다르다.

d. 어렵다. 내 의견이 중요한지 확신이 없기 때문이다.

Q9

다른 사람들에게 개인사의 상세한 부분을 얼마나 자주 공유하는가?

a. 매우 자주. 내 이야기를 하는 것도 남의 이야기를 듣는 것도 좋아한다. 중요한 일이다.

b. 드물다. 정말 가까운 사람들과만 공유한다.

c. 종종. 하지만 개인사를 공유하는 사람들에게만 말한다.

d. 절대 하지 않는다. 다른 사람이 상관할 일이 아니다.

Q10

입을 옷은 무엇을 기준으로 결정하는가?

a. 내 역할에 적합한지 여부

b. 나에게 어울리든 아니든, 유행하는 것

c. 내게 가장 편안하게 느껴지는 옷. 개성을 발산하는 것을 좋아한다.

d. 눈에 띄지 않는 무난한 옷

Q11

건강을 위한 식단을 진행 중인데 하루는 제대로 지키지 못했다. 당신은 어떻게 할까?

a. 걱정하지 않는다. 완벽한 사람은 없다.

b. 자책은 하지만 다음 날부터 건강한 식단을 지키기 위해 더 많은 노력을 한다.

c. 며칠간은 포기 상태지만 한 달 안에 다시 건강 식단으로 돌아간다.

d. 건강 식단을 포기한다. 난 할 수 없다고 생각한다.

Q12

의사가 술이나 담배를 얼마나 하느냐고 묻는다. 당신은 어떻게 대답할까?

a. 전혀 하지 않는다고 거짓말을 한다.

b. 50% 정도 줄여 말한다.

c. 숫자를 조금 줄이지만 많이는 아니다.

d. 솔직하게 말한다. 숨김없이 정보를 전달한다.

평균 이하 (12~24)

당신은 스스로에게 솔직하지 않다.

스스로에게 충실하기보다는 하고 싶다는 생각이 드는 일을 하는 것이 훨씬 쉬울 것이다. 당신은 그런 사람 중 하나이다. 당신은 당신이 무엇을 먹는지, 운동을 얼마나 하는지, 무엇을 마시는지 등에 대해서 스스로에게 거짓말을 하는 사람이다. 당신이 거짓말을 하는 상대는 당신 자신이다. 자신에게 솔직하기는 정말 어렵다. 그러나 스스로에게 솔직하지 못하면 다른 누가 우리에게 솔직할 수 있을까? 작은 단계부터 시작해 보자. 당신은 솔직한가? 보다 진실해지기 위해서 해야 할 일은 무엇일까? 자신이나 다른 사람에게 거짓말을 해야 할 때 당신은 어떤 느낌인가?

평균 이상 (37~48)

당신은 스스로에게 솔직하고 진실하다.

당신은 당신이 느끼는 방식, 당신이 보이는 방식, 당신이 하는 일에 대해서 솔직하지 않으면 주위의 세상에도 솔직할 수 없다는 것을 배워왔다. 자신에게 솔직한 것이 이러저러해야 한다는 부담에서 벗어나는 길임을 알고 있다. 스스로에게 솔직해야만 자신의 강점과 개발의 기회와 진정한 잠재력을 인식할 수 있다. 당신은 자신의 두려움을 통제할 수 있고, 당신의 영향 범위 내에 있는 것을 지배할 수 있다. 이를 통해 자신에게 진실한 삶을 만들 수 있다.

평균 (25~36)

당신은 스스로에게 좀 더 솔직해지려고 노력하고 있다.

대부분의 사람들은 스스로에게 솔직하지 못한 날들을 발견한다. 휴가 중에 삶에 대해서 생각하다가 당신이 원하는 모습이 아니라는 것을 발견한 적이 없는가? 누구나 다 비슷하다. 우리는 진실하고 옳은 일을 하기보다는 다른 일을 '해야만' 하는 이유에 대해서 스스로에게 거짓말을 한다. 매일 조금씩 더 솔직해져 보자. 이렇게 한다면 인생에 일어나는 큰 변화를 발견하게 될 것이다.

08

버크만 메소드 테스트

나는 즉흥적인가,
계획적인가?

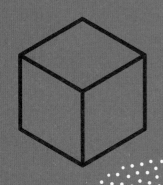

모든 것을 아주 사소한 세부 사항까지 계획하는 것처럼 보이는 사람이 있는가 하면, 자연스런 흐름에 맡기는 것을 좋아하는 즉흥적인 사람도 있다. 짐작했겠지만, 당신은 이 극단들 사이의 어느 지점에 속할 것이다. 극단에 가까울수록 상대방의 관점을 이해하지 못할 가능성이 더 높다. 다음 테스트를 통해 자신의 선호를 판단할 수 있다. 이를 이용해서 다른 선호를 가진 사람들을 더 잘 이해할 수 있도록 돕는 간단한 활동도 마련되어 있다.

버크만 메소드 The Birkman Method®

이 테스트는 버크만 메소드에서 영감을 받았다. 버크만 메소드는 심리학자 로저 W. 버크만Roger W. Birkman이 1951년 만든 방법론에서 발전한 것으로 경력 코칭, 리더십 개발, 인적 자원 관리, 조직 설계와 같은 영역에서 광범위하게 사용된다.

버크만 메소드는 인식과 대인 역학의 개별적 차이가 특히 직장 내 인간관계, 성과, 사기에 얼마나 큰 영향을 주는지 이해하는 데 도움을 주기 위해 고안된 자기 평가 도구이다. 관심사, 행동, 욕구 등 측정 가능한 여러 요소를 사용하여 진단하며 그 결과는 접근법, 스타일, 동기 부여 영역에 관한 독특한 측면을 나타낸다.

① 행동형(빨강): 행동 지향적, 지시와 건설, 단호한, 정력적인
② 분석형(노랑): 분석적, 사려 깊은, 세부 지향적
③ 소통형(초록): 사람에 초점을 맞춤, 설득, 적극적, 경쟁심이 강한
④ 사고형(파랑): 지적인, 혁신과 설계, 통찰력이 있는

버크만 메소드를 더 자세히 알고 싶다면 170쪽의 자료를 참고하세요.

쉬는 날에도 시간 계획이 없으면 불안하다.

a. 매우 그렇다.

b. 그렇다.

c. 그렇기도 하고 아니기도 하다.

d. 그렇지 않다.

e. 전혀 그렇지 않다.

쇼핑을 갈 때는 목록을 작성하고 필요한 것만
구매한다.

a. 매우 그렇다.

b. 그렇다.

c. 그렇기도 하고 아니기도 하다.

d. 그렇지 않다.

e. 전혀 그렇지 않다.

회의 의제가 마지막 순간에 변경되는 것을 싫어한다.

a. 매우 그렇다.

b. 그렇다.

c. 그렇기도 하고 아니기도 하다.

d. 그렇지 않다.

e. 전혀 그렇지 않다.

휴가를 계획할 때는 사전에 철저하게 준비하고
예약하는 것을 좋아한다.

a. 매우 그렇다.

b. 그렇다.

c. 그렇기도 하고 아니기도 하다.

d. 그렇지 않다.

e. 전혀 그렇지 않다.

Q5

일을 먼저 하고 여가 활동은 근무가 끝난 후 정해진 시간에만 한다.

a. 매우 그렇다.

b. 그렇다.

c. 그렇기도 하고 아니기도 하다.

d. 그렇지 않다.

e. 전혀 그렇지 않다.

Q6

원하는 것을, 원하는 때, 원하는 곳에서 할 수 있는 자유를 꿈꾼다.

a. 매우 그렇다.

b. 그렇다.

c. 그렇기도 하고 아니기도 하다.

d. 그렇지 않다.

e. 전혀 그렇지 않다.

Q7

임박해서 약속을 바꾸는 것이 쉽다.

a. 매우 그렇다.

b. 그렇다.

c. 그렇기도 하고 아니기도 하다.

d. 그렇지 않다.

e. 전혀 그렇지 않다.

Q8

소개팅은 꺼린다.

a. 매우 그렇다.

b. 그렇다.

c. 그렇기도 하고 아니기도 하다.

d. 그렇지 않다.

e. 전혀 그렇지 않다.

Q9

다음에 어디로 갈지 정해 두지 않고 하는 밤 외출을 즐긴다.

a. 매우 그렇다.

b. 그렇다.

c. 그렇기도 하고 아니기도 하다.

d. 그렇지 않다.

e. 전혀 그렇지 않다.

Q10

계획 없이 차나 기차를 타고 아무 곳으로나 향하는 것을 좋아한다.

a. 매우 그렇다.

b. 그렇다.

c. 그렇기도 하고 아니기도 하다.

d. 그렇지 않다.

e. 전혀 그렇지 않다.

Q11

뭔가에 놀라는 것을 싫어한다.

a. 매우 그렇다.

b. 그렇다.

c. 그렇기도 하고 아니기도 하다.

d. 그렇지 않다.

e. 전혀 그렇지 않다.

Q12

다른 대안이 없는 상태에서도 회사를 마음 편히 그만둘 수 있다.

a. 매우 그렇다.

b. 그렇다.

c. 그렇기도 하고 아니기도 하다.

d. 그렇지 않다.

e. 전혀 그렇지 않다.

결과: 나는 즉흥적인가, 계획적인가?

Q1 a 5, b 4, c 3, d 2, e 1	**Q4** a 5, b 4, c 3, d 2, e 1	**Q7** a 1, b 2, c 3, d 4, e 5	**Q10** a 1, b 2, c 3, d 4, e 5
Q2 a 5, b 4, c 3, d 2, e 1	**Q5** a 5, b 4, c 3, d 2, e 1	**Q8** a 5, b 4, c 3, d 2, e 1	**Q11** a 5, b 4, c 3, d 2, e 1
Q3 a 5, b 4, c 3, d 2, e 1	**Q6** a 1, b 2, c 3, d 4, e 5	**Q9** a 1, b 2, c 3, d 4, e 5	**Q12** a 1, b 2, c 3, d 4, e 5

즉흥적 (12~28)

당신은 즉흥성을 사랑한다.

당신은 그저 자리에서 일어나서 계획이나 생각 없이 길을 나서는 것을 좋아한다. 반복되는 루틴이나 한 장소에 오랫동안 머무르는 것을 싫어한다. 일정표가 주어지는 계획된 휴가는 당신에게 악몽이나 다름없다. 오전 9시에 출근해서 오후 6시에 퇴근하는 보통의 일자리는 당신에게 활력을 주지 못하며, 그렇기 때문에 당신은 즉흥적으로 행동할 수 있는 유연성을 원하고 변화에 잘 대처한다. 즉흥적인 사람들은 변덕이 심하고 제약과 마감이 있는 일을 싫어하기 때문에 결과를 제대로 전달하지 못하는 사람으로 여겨진다. 하지만 적절한 유형의 환경 속에 있다면 당신도 잘 해낼 수 있다. 따라서 환경이 자신에게 잘 맞는지를 판단해야 한다. 지나치게 계획적인 환경에서 오래 머물면 좌절감과 소모되는 느낌을 받게 되므로 단조로움을 깨뜨릴 방법을 찾는 것이 중요하다. 계획적인 사람들을 이해하기 어려워서 그들과의 작업을 힘들게 느낄 것이다.

균형적 (29~44)

당신은 즐겨야 할 때와 계획을 세워야 할 때를 안다.

당신은 계획적이어야 할 때와 즉흥적이어야 할 때의 이점을 인식하고 있다. 당신은 더 효과적인 결과를 위해서 계획이 필요한 일이 무엇인가를 인식하고 그에 따른 계획을 세우는 방법을 배웠을 것이다. 반면 그냥 흐름에 맡기고 싶은 일도 있다. 대부분의 사람들은 둘 중 선호하는 것이 있기 마련이지만, 자기 계발을 통해 양쪽의 기술을 배울 수 있다. 일정이 빡빡하고 계획에 따라야 하는 일을 해야 하는 환경에서 오랫동안 작업을 할 때 자신이 소모된다고 느끼는가, 아니면 활력을 느끼는가? 활력을 느낀다면 당신은 계획적인 사람에 가까울 것이고, 그것이 소모되는 기분이라면 즉흥적인 사람에 가까울 것이다.

계획적 (45~60)

당신은 계획을 세우고 일정을 관리하는 것을 즐긴다.

당신은 매일 어느 시간에 무슨 일을 하고 있을지 정확히 아는 것을 좋아하는 사람이다. 당신은 예상치 못한 상황을 좋아하지 않고 약속 시간을 얼마 남겨두지 않고 일어나는 변화를 싫어한다. 당신은 어떤 일을 언제 해야 하는지 정확한 시점까지 정해진 목록과 세부 계획을 갖고 있을 것이다. 당신은 즉흥성을 선호하는 사람들에게 불만을 느끼고 그들이 당신과 같은 방식으로 움직이지 않으면 일을 해낼 수 없을 것이라고 단정 짓는다. 다수가 함께 작업을 하는 환경에서는 이런 생각이 갈등을 야기할 수 있다. 즉흥적인 사람들이 집중을 하지 않고 당신의 정신을 산만하게 만든다고 생각할 테니까.

재미로 하는 테스트

그룹이나 팀, 가족 중에 누가 계획적이고 누가 즉흥적인
지 알아보자.

질문: "일을 먼저 하고 놀겠습니까, 아니면 먼저 놀고 일
을 하겠습니까? 아니면 중간?"

사람들을 순서대로 세운다. 왼쪽에는 먼저 놀거나, 원
하는 때 놀거나, 즉흥적으로 하루를 보내는 것을 좋아
하는 사람을 세운다. 오른쪽에는 계획과 일정표를 만드
는 것을 좋아하는 사람들을 세운다. 둘의 정확한 균형에
있는 사람도 있을 것이고 먼저 노는 쪽에 가까운 사람과
일을 먼저 하는 쪽에 가까운 사람이 있을 것이다.

이제 오른쪽 사람들에게 왼쪽 사람들의 어떤 점에 불만
이 있는지 설명하도록 한다. 다음으로 왼쪽에 있는 사람
들에게 오른쪽 사람들의 어떤 점에 불만이 있는지 설명
하도록 한다. 즐거운 분위기를 유지해야 한다. 서로에
대해 알아가는 좋은 방법이기 때문이다.

09

나의
정서 지능은?

정서 지능(또는 감성 지능)이라는 말은 들어보았을 것이다. 하지만 그것이 당신에게 어떻게 적용되는지는 이해하기 쉽지 않다. 정서 지능의 수준이 어느 정도인지 안다면 자신을 계발할 기회를 인식하는 데에 도움이 될 것이다. 다음 테스트를 통해 정서 지능이 어느 정도인지 알아보자. 자신의 정서 지능에 대한 이해는 자신의 가치관과 신념에 보다 적합한 방식으로 성공을 향해 나아갈 수 있게 해준다.

정서 지능 Emotional Intelligence, EI

이 테스트는 정서 지능에 대한 연구에서 영감을 얻었다. 정서 지능은 자신의 감정뿐 아니라 다른 사람의 감정까지 이해하고 관리하는 능력으로 정의된다. 이 개념은 마이클 벨도크 Michael Beldoch가 1964년 발표한 논문과 B. 루너 B. Leuner가 1966년 발표한 논문에서 처음 등장했으며 정서 지능이라는 용어는 1995년 대니얼 골먼 Daniel Golman의 저서 『EQ 감성 지능 Emotional Intelligence: Why it can matter more than IQ』이 출간된 이후 대중화되었다. 정서 지능이 높은 사람은 자신이 느끼는 감정이 무엇이고 그 감정을 느끼는 이유가 무엇인지를 이해한다. 그들은 자신의 감정과 이들 감정이 다른 사람들에게 어떤 영향을 주는지는 물론이고 그들 자신과 다른 사람에게 어떤 동기를 부여하는지까지 이해한다. 오랜 기간에 걸쳐 여러 가지 EI의 모델이 개발되었지만, 가장 일반적인 모델은 EI에 네 가지 유형의 능력이 포함된다고 주장한다.

① 정서의 인지: 자신의 정서를 식별하는 능력을 비롯해 표정, 그림, 목소리에서 정서를 인지하고 이해하는 능력
② 정서의 이용: 사고와 문제 해결을 촉진하기 위해 정서를 이용하는 능력
③ 정서의 이해: 정서적 언어를 이해하고 정서들 간의 복잡한 관계를 인식하는 능력
④ 정서의 관리: 자신이나 다른 사람들의 정서를 조절하는 능력

정서 지능을 더 자세히 알고 싶다면 170쪽의 자료를 참고하세요.

Q1

다른 사람의 목소리나 말투를 들으면 그 사람이 어떤 기분인지 이해할 수 있다.

a. 매우 그렇다.
b. 그렇다.
c. 그렇기도 하고 아니기도 하다.
d. 그렇지 않다.
e. 전혀 그렇지 않다.

Q2

너무 어려운 과제를 처리해야 하는 경우라면 포기한다.

a. 매우 그렇다.
b. 그렇다.
c. 그렇기도 하고 아니기도 하다.
d. 그렇지 않다.
e. 전혀 그렇지 않다.

Q3

사람들이 뭔가 잘한 일이 있을 때에는 내가 그들을 인정하고 있다는 점을 상대가 알게끔 한다.

a. 매우 그렇다.
b. 그렇다.
c. 그렇기도 하고 아니기도 하다.
d. 그렇지 않다.
e. 전혀 그렇지 않다.

Q4

늘 인생의 긍정적인 면을 찾는다.

a. 매우 그렇다.
b. 그렇다.
c. 그렇기도 하고 아니기도 하다.
d. 그렇지 않다.
e. 전혀 그렇지 않다.

Q5

내 개인적인 걱정거리를 언제 사람들에게 말하면 좋을지 몰라 고민한다.

a. 매우 그렇다.
b. 그렇다.
c. 그렇기도 하고 아니기도 하다.
d. 그렇지 않다.
e. 전혀 그렇지 않다.

Q6

나에게 중요한 것이 무엇이고 그렇지 않은 것이 무엇인지 깨닫게 해준 큰 사건을 겪었다.

a. 매우 그렇다.
b. 그렇다.
c. 그렇기도 하고 아니기도 하다.
d. 그렇지 않다.
e. 전혀 그렇지 않다.

Q7

내 감정이 나를 조종한다. 나는 감정에 대한 통제력이
전혀 없다.

a. 매우 그렇다.

b. 그렇다.

c. 그렇기도 하고 아니기도 하다.

d. 그렇지 않다.

e. 전혀 그렇지 않다.

Q8

나는 슬픈 감정을 느끼는 사람들을 돕는 것을
좋아한다.

a. 매우 그렇다.

b. 그렇다.

c. 그렇기도 하고 아니기도 하다.

d. 그렇지 않다.

e. 전혀 그렇지 않다.

Q9

다른 사람을 봐도 그들이 어떤 감정을 느끼는지 알 수
없다.

a. 매우 그렇다.

b. 그렇다.

c. 그렇기도 하고 아니기도 하다.

d. 그렇지 않다.

e. 전혀 그렇지 않다.

Q10

누군가 나에게 그들의 중요한 어떤 것을 이야기하면
내게도 중요한 일인 것처럼 느껴진다.

a. 매우 그렇다.

b. 그렇다.

c. 그렇기도 하고 아니기도 하다.

d. 그렇지 않다.

e. 전혀 그렇지 않다.

Q11

나를 행복하게 만드는 활동을 찾는다.

a. 매우 그렇다.

b. 그렇다.

c. 그렇기도 하고 아니기도 하다.

d. 그렇지 않다.

e. 전혀 그렇지 않다.

Q12

다른 사람들의 비언어적인 메시지를 이해하기가
힘들다.

a. 매우 그렇다.

b. 그렇다.

c. 그렇기도 하고 아니기도 하다.

d. 그렇지 않다.

e. 전혀 그렇지 않다.

Q1 a 5, b 4, c 3, d 2, e 1	**Q4** a 5, b 4, c 3, d 2, e 1	**Q7** a 1, b 2, c 3, d 4, e 5	**Q10** a 5, b 4, c 3, d 2, e 1
Q2 a 1, b 2, c 3, d 4, e 5	**Q5** a 1, b 2, c 3, d 4, e 5	**Q8** a 5, b 4, c 3, d 2, e 1	**Q11** a 5, b 4, c 3, d 2, e 1
Q3 a 5, b 4, c 3, d 2, e 1	**Q6** a 5, b 4, c 3, d 2, e 1	**Q9** a 1, b 2, c 3, d 4, e 5	**Q12** a 1, b 2, c 3, d 4, e 5

평균 이하 (12~28)

당신은 스트레스 상황에서 큰 부담을 느끼는 사람일 것이다. 이 때문에 그 상황을 해결하는 게 일을 더 낫게 만들 것을 알면서도 충돌 상황을 피하려는 성향을 보인다. 화가 났을 때는 감정이 격해지면서 그 사건을 지나치게 파고들고 곱씹을 것이다. 이 모든 것이 사람과 적절한 유대를 맺고 일터에서 견고한 인간관계를 맺는 일을 힘들게 만들 수 있다. 그렇지만 희망이 없는 것은 아니다. 이제 이 점을 알게 되었으니 당신에게 도움이 되는 일을 찾아보자.

평균 (29~44)

당신은 대부분의 상황을 잘 이겨낼 수 있고 자신의 감정에 대처할 수 있으며 사람들과 좋은 관계를 맺을 수 있다. 그렇지만 정말 대하기 어렵고, 당신을 자극하는 것처럼 보이는 사람도 있을 것이다. 이런 상황에 처하면 당신은 자책을 하면서 이런 일이 일어나지 않았다면 좋았겠다고 생각할 것이다. 반대로 이 점을 인정하고 있고 장래에는 이런 상황에 보다 잘 대처하도록 자신을 개발하는 단계를 밟을 수도 있다는 것을 기억하자. 당신을 자극하는 사람이나 일을 살피고, 일어나는 분노의 감정을 검토할 수 있는 방법을 찾아보라. 이를 통해 상황에서 한 발 물러나 보다 사려 깊은 태도를 유지하고 감정적인 반응을 줄일 수 있게 될 것이다.

평균 이상 (45~60)

당신과 같은 사람들은 뛰어난 리더의 자질을 갖고 있는 경우가 많다. 당신은 남의 말을 잘 들어준다. 많은 사람이 당신에게 조언을 구하거나 이야기를 나누러 찾아온다. 당연하게도 당신은 다른 사람들과의 관계가 무척 좋다. 하지만 사람들에게 끊임없이 주기만 하고 자신의 욕구는 충족시키지 못하는 것은 아닌지 주의를 기울여야 한다. 자기 계발과 성장을 계속할 기회를 찾아보라. 정서 지능의 수준이 이런 정도라면 스스로의 성장과 계발은 물론이고 다른 사람들을 당신과 같은 수준으로 끌어올리는 데 당신의 지식을 활용하는 것도 좋을 것이다.

10

나는 리더인가, 추종자인가?

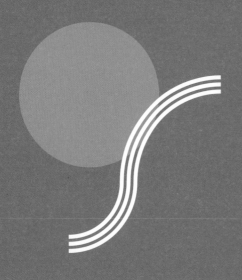

모든 사람이 선두에 서거나 리더가 되기를 바라는 것은 아니다. 마찬가지로 모든 사람이 무리를 따르는 사람이 되기를 바라는 것도 아니다. 상황에 따라서 선호가 달라지기도 한다. 정말 열정을 가진 일에서는 리더가 되고 싶다가도 다른 경우에는 추종자가 되기를 원할 수 있다. 다음의 테스트를 통해서 당신이 어느 쪽을 선호하는지 판단하고, 선두에 서기에 적절한 때는 언제이며 반드시 추종자가 되어야 하는 때는 언제인지도 알아볼 수 있을 것이다.

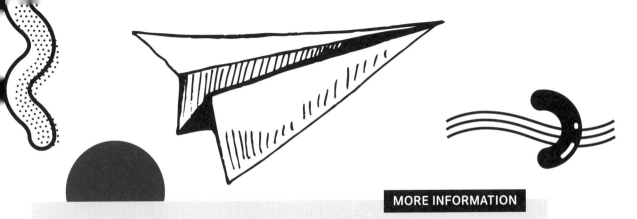

HPI Hogan Personality Inventory® (호건 성격 목록), 개발 조사, 동기, 가치, 선호 목록

이 테스트는 1987년 조이스 호건Joyce Hogan과 로버트 호건Robert Hogan 박사가 개발한 HPI에서 영감을 받았다. 이것은 조직이 직원 선택, 리더십 계발, 승계 계획, 인재 관리를 강화하는 데 도움을 주기 위해 사용하는 도구이다. HPI는 일상적인 성격의 척도로 밝은 측면을 사용한다.

고용주는 이 평가를 이용해서 당신이 다른 사람들과 얼마나 일을 잘하는지, 당신이 어떤 식의 리더 혹은 추종자인지, 당신이 특정한 자리에서 성공할 수 있을지를 판단한다. HPI는 5대 성격 요인 모델(Big 5)에 기반을 두고 있으며 다음 두 가지 척도로 측정된다.

1차 척도

① 적응: 자신감, 자존감, 침착함

② 야심: 진취성, 경쟁심, 리더십에 대한 욕망

③ 사회성: 외향성, 사교성, 사회적 상호 작용에 대한 니즈

④ 대인 민감성: 눈치, 예민함, 관계 유지 능력

⑤ 신중: 자기 수양, 책임성, 성실성

⑥ 탐구심: 상상력, 호기심, 창의성

⑦ 학습 접근: 성과 지향적, 비즈니스 및 기술 문제의 최신 정보를 알고 있는지 여부

직업 관련 척도

① 서비스 지향: 배려심, 상냥한, 예의 바른

② 스트레스 내성: 스트레스를 다룰 수 있음, 침착한

③ 신뢰성: 정직한, 성실한, 긍정적인

④ 사무직 잠재력: 지시를 따르는 능력, 세부적인 것에 주의를 둠, 명확한 소통

⑤ 영업직 잠재력: 에너지, 사교술, 문제 해결 능력

⑥ 관리직 잠재력: 리더십 능력, 기획, 의사 결정 기술

HPI를 더 자세히 알고 싶다면 170쪽의 자료를 참고하세요.

지역 공동체에서 행사를 준비하고 있다. 당신이 맡은 역할은?

a. 내가 없으면 일이 안 된다는 것을 알기 때문에 처음부터 주도하는 위치에 선다.

b. 눈에 띄지 않는 배후에서 일한다.

c. 처음에는 배후에서 일을 하지만 점차 사람들이 내게 통솔권을 주기 시작하는 것을 깨닫는다.

Q2

힘을 과시하지 않는 책임감 있는 리더가 된다는 것은?

a. 모든 좋은 리더는 그렇게 행동해야 한다.

b. 좋은 생각이지만 실현은 불가능하다.

c. 현실적이지 않다. 세상은 통제력을 갖고 의사 결정을 하는 사람들을 필요로 한다.

Q3

다른 사람들은 당신을 어떻게 보는가?

a. 타고난 선도자

b. 좋은 팀 리더

c. 배려해 주는 좋은 리더

Q4

누군가 권력에 미쳤다며 당신을 비난한다. 당신은 어떻게 반응할까?

a. 놀란다. 이후 상황을 살피고 그 상황이었다면 내가 그랬을 수 있을 것이라고 생각한다.

b. 고맙다고 말한다. 나는 내 자신이 어떤 사람인지 잘 안다. 그것이 내가 나의 일에 탁월한 이유이다.

c. 무섭게 느껴진다. 나는 다른 사람이 나를 이런 식으로 생각하는 것을 원치 않는다. 따라서 문제를 빨리 해결한다.

Q5

당신은 호감을 얻는 것과 영향력이 있는 것 중에 어떤 것이 중요하다고 생각하는가?

a. 균형이 필요하다. 모두가 조화롭게 협력한다면 일이 더 쉬워질 것이다. 하지만 항상 가능한 일은 아니다.

b. 리더가 되기 위해서 꼭 호감을 사야 하는 것은 아니다. 임무를 완수하는 것이 중요하다. 그것은 대부분의 사람들이 나를 좋아하지 않는다는 것을 의미할 수도 있다.

c. 호감을 얻는 것

Q6

배심원으로 활동하게 되었는데 배심원 대표를 뽑아야 한다. 당신은 어떻게 할까?

a. 다른 사람이 하지 않는다면 내가 한다. 하지만 거기에는 막중한 책임이 따른다.

b. 모두에게 큰 소리로 내가 하겠다고, 지명을 받고 싶다고 말한다. 그곳에 있는 다른 사람에게는 그만한 능력이 없다고 생각하기 때문이다.

c. 가능한 한 눈에 띄지 않기 위해 노력하면서 지명을 받지 않기를 바란다.

Q7

두 프로젝트 팀이 합쳐졌다. 이 상황에서 당신은 어떻게 할까?

a. 모두에게 내가 리더가 되어서 우리 팀에서 하던 대로 일을 계속 진행하겠으며 다른 팀은 전례를 따라야 한다고 말한다.

b. 누군가 어떻게 진행될지 말해 주기를 바란다.

c. 이 상황에 대해 어떻게 느끼는지, 상황이 어떻게 전개되어야 한다고 생각하는지 모두의 의견을 묻는다.

Q8

리더십 교육에 참가할 자원자를 찾는다는 이야기를 들었다. 당신은 어떻게 할까?

a. 바로 자원한다.

b. '리더십'이라는 이야기를 듣자마자 신경을 끄고 하던 일로 돌아간다.

c. 누군가 권하면 참가한다.

Q9

당신 팀의 팀원이 당신과 같은 직급의 새로운 자리로 승진한다. 당신의 기분은?

a. 화가 난다. 그는 아직 그 자리에 앉을 자격이 없다.

b. 흥분된다. 그동안 멘토 역할을 해왔기 때문에 그들의 성장이 대견하게 느껴진다.

c. 함께 기뻐한다. 내 일은 아니지만, 조직의 사람들이 승진하는 모습을 보는 것은 기쁜 일이다.

Q10

직장에서 선택이 가능하다면 어떤 옷을 입었을 때 가장 편안함을 느낄까?

a. 회사 유니폼. 편리하다. 적절한 옷을 입고 있다는 확신을 가질 수 있다. 신경을 덜 써도 된다.

b. 정장. 모두에게 조직 내에서 나의 위치를 보여준다.

c. 깔끔하면서도 편안한 옷. 나의 개성을 보여주면서 동시에 내가 프로라는 것을 드러낸다.

Q11

출세를 위해 어떤 준비를 하겠는가?

a. 뭔가를 해야겠다는 느낌이고 사람들도 다음 단계를 밟으라고 늘 이야기하지만, 확신은 없다.

b. 준비를 하지 않는다. 나는 거기에 관심이 없다.

c. 필요한 것이라면 무엇이든 한다.

Q12

팀워크 증진 활동에 초대받았다. 당신의 느낌은?

a. 긴장된다. 과제를 주도하라고 할까 봐 걱정하면서 빠져나갈 수 있는지 궁금해한다.

b. 흥분된다. 나는 이런 행사를 좋아하고 그런 활동에서 주도적인 역할을 한다.

c. 미리 걱정할 필요는 없다. 과제가 무엇이냐에 따라 필요하면 주도적인 역할을 맡는다.

투지 넘치는 리더 (✚가 많은 경우)

당신은 야심이 크고 어떤 대가를 치르든 결과를 내놓는다.

자신에게 일을 완수할 추진력과 투지가 있다는 것을 잘 알고 있다. 당신이 보기에 대개의 사람들은 무엇을 해야 할지 모른다. 당신에게는 사람들에게 지시를 하고 사람들을 이끄는 일이 대단히 쉽다. 모두가 명확한 방향을 필요로 한다는 것을 알기 때문이다. 그것이 마음에 들지 않는 사람들은 어울리지 않는 곳에 있는 것이다. 당신은 책임을 맡는 데서 가장 큰 행복을 느끼며 역량이 부족한 다른 사람을 보면 불만을 느끼곤 한다. 출세의 사다리를 오르기 위해 필요한 것이라면 무엇이든 할 것이고 그것은 그 과정에서 사람들의 마음을 상하게 할 수도 있다는 것을 의미한다. 당신은 사람들에게 어떻게 해야 할지 지시할 수 있는 힘을 가지고자 한다.

타고난 리더 (■가 많은 경우)

당신은 이목을 끄는 것을 좋아하지 않는다. 필요할 때만 앞에 나선다.

배후에서 일을 하다 보면 사람들이 당신에게 리더의 역할을 기대한다는 것을 발견하게 된다. 당신은 모두의 관점에 귀를 기울이는 것을 좋아하고 그들을 옳은 길로 안내하기 위해 애쓴다. 리더가 될 계획이 전혀 없는 상황에서 종종 다른 사람들에 의해 리더로 지목된다. 자신이 리더의 역할을 맡을 적임자일 수도 있다고 인식할 때도 있지만, 대개는 앞으로 이런 일을 할 사람을 교육시키고 그 역량을 개발하는 데 목표를 둔다. 많은 리더가 함께 있는 경우에는 한 발 물러서 추종자의 역할을 맡는다.

추종자 (▲가 많은 경우)

추종자가 되는 것은 나쁜 일이 아니다.

추종자가 되는 것을 나약한 행동이라고 생각하기 쉬운데 실제 일을 해내는 핵심 일꾼은 추종자들이란 사실이 종종 간과되기 때문이다. 어떤 리더이든 원하는 결과를 내려면 추종자가 필요하다. 여왕벌을 따르는 일벌처럼 자연에서도 그런 예를 찾을 수 있다. 추종자의 역할은 리더의 역할만큼이나 중요하며, 당신은 참여하는 어떤 활동에서든 중요한 임무를 해낼 운명이다. 추종자가 당신의 위치라는 자각은 좋은 것이다. 당신은 자신이 어떤 일에서 만족을 느끼는지 잘 알며, 리더 역할을 맡는 것은 스트레스라는 것도 알기 때문이다. 조직에서는 모두가 야심을 좇아야 하는 상황에 내몰리는 경우가 많다. 하지만 현재의 역할 안에서 일상의 과제를 해내는 데 만족하는 사람들도 있다.

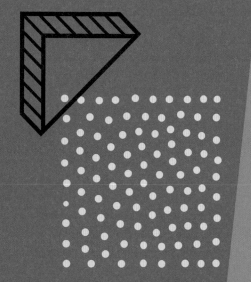

SMA 테스트

11

나는 돈과 어떤 관계를 맺고 있나?

돈은 우리가 이야기하기 힘들어하는 주제 중 하나이며 우리는 저마다 돈에 대한 자신만의 생각과 행동을 가지고 있다. 다음에서 우리는 당신의 금전적 성향과 그에 대한 이해가 재무 영역에서 어떤 도움이 될 수 있는지 알아볼 것이다. 당신은 절약하는 사람인가, 아니면 낭비하는 사람인가? 당신이 지금과 같은 방식으로 돈과 상호 작용을 갖는 이유를 이해한다면 돈에 대한 사고방식을 변화시키고 새로운 기회의 문을 열 수 있을 것이다.

편집자 주 SMA는 당신이 금전을 대하는 태도를 분석하는 테스트이다. 우리는 돈을 어떻게 다루어야 하는지 이론적으로는 알고 있기 때문에 테스트를 할 때 이상적인 답안을 선택하기 쉬운데, 당신의 성향을 정확히 알고 싶다면 본능적으로 선택해야 한다. 이 테스트를 통해 당신이 돈을 지배하고 있는지, 지배당하고 있는지 확인해 보자.

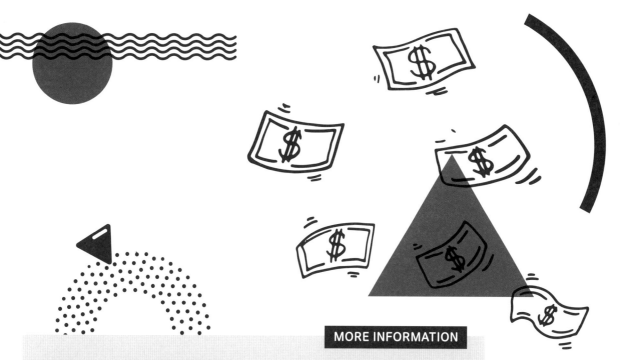

SMA Sacred Money Archetype® (신성 금전 원형)

이 테스트는 SMA에서 영감을 받았다. SMA는 비즈니스 코치인 켄달 서머호크 Kendall Summerhawk가 기업가들이 돈과의 관계를 이해하고, 이를 통해 개인이 자신에게 맞는 자기 특유의 금전 코드를 발견해서 성공할 수 있도록 돕기 위해 개발한 평가 모델이다.

많은 사람이 돈과 불편한 관계를 맺고 있으며 이런 불안과 마주하는 것을 두려워한다. 코치들은 SMA 도구들을 이용해서 사람들이 돈과의 관계, 돈이라는 장애를 없애는 방법, 돈의 장점을 포용하는 방법, 돈 문제를 관리하는 방법을 이해할 수 있도록 돕는다. 이 평가를 통해 사람들은 여덟 가지의 신성 금전 원형 중 자신의 세 가지 원형을 찾게 된다.

① 지배자: 내면의 제국 건설자
② 축재자: 내면의 은행가
③ 중재자: 내면의 관계 창조자
④ 연금술사: 내면의 이상주의자
⑤ 이단아: 내면의 이유 없는 반항아
⑥ 명사: 내면의 거물
⑦ 육성가: 내면의 후원자
⑧ 낭만주의자: 내면의 쾌락주의자

SMA를 더 자세히 알고 싶다면 170쪽의 자료를 참고하세요..

Q1

휴대 전화의 액정이 깨져서 바꿔야 한다. 마침 약정도 끝났다. 당신은 어떻게 할까?

a. 당장 나가서 최신 모델을 구입한다. 최신 제품을 이용하고 싶다. 비용은 걱정하지 않는다.

b. 최대한 많은 시간을 들여 계약 갱신에 대한 모든 옵션과 새 제품 또는 리퍼 제품의 구입 가능 여부를 조사한다. 지금의 전화기를 최대한 오래 사용하기를 원하며, 테이프로 붙여 사용할 수도 있다.

c. 지금 필요한 것이 무엇인지, 기존 계약과 비슷한 가격으로 얻을 수 있는 것이 무엇인지 확인한다. 전화기는 필요하지만 최신 버전일 필요는 없다.

Q2

직장에서 거액의 보너스를 받았다. 당신은 어떻게 할까?

a. 정말 원하던 것 하나를 자신에게 선물하고 나머지는 저축을 하거나 빚을 갚는다.

b. 모두 연금 펀드에 투자한다.

c. 주말 쇼핑을 계획한다. 열심히 일했으니 즐길 시간이다.

Q3

쇼핑을 하러 간다. 당신은 어떻게 할까?

a. 필요한 것의 목록을 만들고, 어떤 상점에 그 물건들이 있는지 조사하고, 온라인으로 가격을 확인한 뒤 가장 효과적인 경로를 정하고, 가장 싼 가격에 필요한 물건들을 구입한다.

b. 신용 카드의 사용 가능액이 얼마인지 확인한 뒤 나가서 눈에 띄는 것이 없는지 살핀다. 나는 쇼핑을 매우 좋아한다.

c. 그 날 쓸 수 있는 예산을 정한다. 실제로 필요한 것을 염두에 두지만 지나치게 엄격하게 굴 필요는 없다.

Q4

결혼식에 초대를 받았다. 단, 거리가 멀어서 하룻밤을 묵어야 한다. 당신은 어떻게 할까?

a. 결혼식이 치러지는 호텔의 가장 비싼 방을 예약하고 결혼식에 참석하기 전에 받을 스파 상품을 고른다. 좋은 옷을 살 기회다!

b. 참석은 하되 숙박 비용을 지출하지 않도록 일찍 자리를 뜬다. 옷장에서 입을 만한 옷을 찾는다.

c. 참석하는 것은 기대하지만 결혼식이 있는 곳과 가까운 값싼 호텔에 묵는다. 지금 가진 옷에 어울릴 새로운 액세서리를 장만한다.

Q5

새해 목표는 날씬한 몸매를 만드는 것이다. 당신은 어떻게 할까?

a. 새 운동복과 운동화를 사고, 유행의 첨단을 걷는 체육관의 12개월 회원권을 끊는다(회원 전용 바만 이용하게 될 것을 잘 알면서도).

b. 가지고 있는 운동복 중 하나를 고르고 지역 스포츠 센터에서 나에게 적절하다고 판단되는 수업에 등록한다.

c. 낡은 운동화와 운동복을 꺼내고 매일 달리기를 시작한다.

Q6

막 월급을 받았다. 재무 처리는 어떻게 하는가?

a. 청구서를 처리하고, 빚을 갚고, 투자와 저축을 하고, 필요한 것을 구입한다.

b. 청구서를 처리하고, 투자와 저축을 한다. 나에게는 빚이 없다. 꼭 필요한 것이 있는지 생각해 보고 그것들을 위한 돈을 따로 준비해 둔다.

c. 쇼핑을 좀 하고 친구들과의 화려한 파티를 마련한다.

Q7

특별한 날을 위해 휴가를 계획하고 있다. 당신은 어떻게 할까?

a. 저축액을 살피고 모든 비용을 고려하면서 형편에 맞는 것이 무엇인지 결정하고 예산에 맞는 곳을 예약한다.

b. 이번 휴가를 특별하게 만들고 싶다. 때문에 기억에 남을 만한 장소를 고른다. 저축액을 좀 사용하고 일부 비용은 신용 카드로 결제한다. 단, 변제 계획을 미리 세운다.

c. 늘 꿈꾸던 여행지와 리조트를 찾는다. 특별한 기회이기 때문에 필요한 모든 것을 마련하고 새로운 옷들도 구입한다. 모든 지출은 신용 카드를 이용한다. 한 번 사는 인생이 아닌가.

Q8

친구들이 갑자기 밤새워 놀자는 제안을 했다. 그런데 월말이어서 이달의 예산을 전부 써버린 상태이다. 당신은 어떻게 할까?

a. 우리 집에서 배달 음식을 시켜 먹으면서 놀자고 제안한다. 다들 돈에 여유가 없을 것을 알기 때문이다.

b. 거절한다. 여윳돈이 없다. 여유가 있어야 놀 수 있다.

c. 신용 카드를 사용한다. 바쁜 한 달을 보냈고 스트레스를 해소할 필요가 있다. 돈은 다음 달에 갚으면 된다.

Q9

직장에서 점심시간에 당신은 무엇을 하는가?

a. 가끔은 도시락을 먹고 종종 점심을 사 먹으며 즐긴다.

b. 동료들과 근처 식당이나 카페에 간다.

c. 항상 집에서 싸 온 도시락을 먹는다.

Q10

식료품을 사야 할 때가 되었다. 당신은 어떻게 할까?

a. 그 주의 식단 계획을 상세하게 만들고, 어떤 재료가 있는지 확인한 뒤, 필요한 것만 구매한다.

b. 식료품점을 둘러보고 아무것이나 구입한 뒤, 집에 와서는 요리하기가 귀찮아져서 음식을 배달시킨다.

c. 요리하고 싶은 것은 생각해 두지만, 할인 품목을 먼저 확인하고 찾아낸 것을 이용해 요리를 만든다.

Q11

이사할 곳을 찾다가 이상적인 집을 발견했다. 하지만 가격대가 맞지 않는다. 당신은 어떻게 할까?

a. 일단 계약을 한다. 돈을 마련할 방법은 나중에 생각하기로 한다.

b. 방을 세놓거나, 다른 일자리를 찾거나, 뭔가를 판매하는 등 수입을 더 올릴 수 있는 방법을 찾는다.

c. 가격대가 맞지 않으니 다른 지역에서 예산과 더 잘 맞는 좀 더 작은 집을 찾는다.

Q12

갑자기 예상치 못한 청구서를 받았다. 당신은 어떻게 할까?

a. 비상금을 사용한다. 이럴 때를 위해 마련한 돈이다.

b. 저축으로 일부를 메우고 일부는 신용 카드를 사용한다. 예기치 못했던 일이기 때문에 곤란해졌다. 이런 이유 때문에 예비용으로 신용 카드를 가지고 있다.

c. 공황 상태에 빠진다. 신용 카드는 이미 한도를 초과했으므로 돈을 빌릴 수 있는 사람이 없는지 생각해 보기 시작한다.

절약가 (12~19)

당신은 꼭 필요한 곳에만 돈을 쓴다.

당신과 돈의 관계에서는 저축이 전부이다. 하지만 이 때문에 인생의 즐거움을 잃게 될 수도 있다. 당신은 위험을 회피하며 돈이 없으면 쓰지 않는다. 뭐든 고쳐가면서 오래 쓰고 은퇴할 때까지 저축을 많이 해두려는 성향을 갖고 있다. 돈에 대해 조심하는 것은 좋은 일이지만 인생을 조금은 즐기고 좀 더 많은 것을 꿈꾸고 욕심내는 것도 괜찮다는 점을 기억하라. '즐거움을 위한 돈'이란 계정을 마련하고 적은 돈이라도 지금의 인생을 즐기는 일에 쓸 수 있도록 따로 챙겨두는 일부터 시작해 보자.

똑똑한 절약가 & 낭비가 (20~27)

당신은 인생을 제대로 살고 있다.

인생은 살기 위한 것이라는 말이 있다. 그렇더라도 돈에 대해서 신중해야 하며 삶에서 일어나는 만일의 사태에 충분히 대비해야 한다는 것을 당신은 잘 알고 있다. 당신은 저축을 하고 계획도 세우지만, 미래에 어떤 일이 일어날지 모르기 때문에 지금의 삶도 즐기고 싶어 한다. 당신은 돈과 건전한 관계를 맺고 있으며 이는 당신이 미래를 위한 계획을 갖고 있기에 한편으로 마음을 놓고 인생을 즐길 수 있다는 의미이다. 돈에 대한 당신의 사고방식은 현재를 즐기는 것을 막지 않으면서도 필요로 하는 자유를 누릴 수 있게 해준다.

엄청난 낭비가 (28~36)

당신에겐 내일이 없다.

당신은 삶을 사랑하고 돈을 쓰는 것을 스스로에게 주는 보상으로 생각한다. 돈이 들어오자마자 써버리거나 어떻게 쓸지를 궁리한다. 저축은 없고 빚과 신용 카드 대금을 어떻게 갚아야 할지 늘 걱정한다. 돈과의 관계를 생각해 보고 미래에 대한 생각 없이 돈을 쓰게 만드는 요인이 무엇인지 확인해 보라. 즐기는 것도 좋지만 되는 대로 돈을 쓰는 것은 근본적인 감정이나 인정에 대한 욕구, 힘든 일에 봉착했을 때의 반응일 때가 많다.

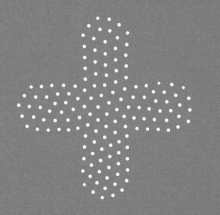

12 나는 사이코패스인가?

당신이 아는 어떤 사람이 사이코패스적 성향을 가지고 있다는 생각이 드는가? 자신이 하는 어떤 행동 때문에 사이코패스 성향이 있지 않나 하는 생각을 해본 적은 없는가? 우리 모두는 사이코패스적 행동에 가까운 성향을 갖고 있다. 특히 스트레스를 받을 때 두드러진다. 이 테스트를 통해 당신이 사이코패스 범주에 들어가는지, 아닌지 정도는 확인해 볼 수 있다. 가능한 한 솔직하게 답을 하고 다음 쪽에서 결과를 알아보자.

편집자 주 이 테스트의 결과로 당신이 사이코패스인지를 구분할 수 있는 것은 아니다. 사이코패스를 판단하는 기준은 여러 가지가 있고 다양한 테스트에서 유의미한 결과가 나와야 사이코패스라고 추정될 수 있다. 그러나 이 테스트로 당신이 사회적으로 어떻게 평가받고 있는지는 구분할 수 있다. 당신이 인간관계나 사회적인 평가에서 "사이코패스 같아."라는 이야기를 듣고 있다면 당신의 어떤 행동이 사람들의 평가의 바탕이 되었는지 판단할 수 있다.

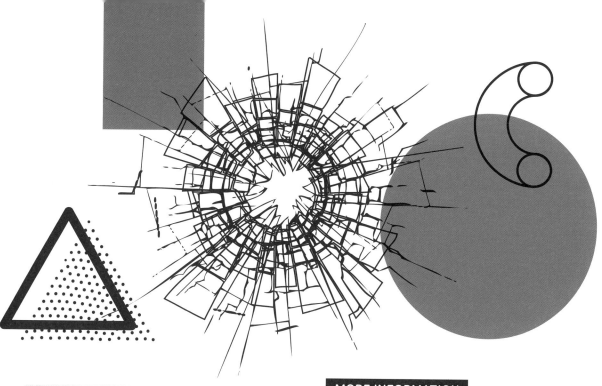

사이코패스Psychopaths

우리는 보통 사이코패스를 특정 행동들로 규정되는 인격 장애로 생각한다. 이 용어는 19세기 독일의 정신과 의사들이 처음으로 사용했다. 본래는 정신 장애를 갖고 있는 사람을 의미했다.

그 이후로 이 용어는 진화를 거듭했다. 초기에는 법적 혹은 도덕적 기대에 부합하지 않는 사람, 사회적으로 바람직하지 않은 사람들을 뜻했다. 현재 사이코패스는 반사회적인 행동을 지속하고, 타인과 공감하지 못하며 양심의 가책이 없고, 대담하고 자제력이 없으며, 자기중심적인 성향을 가진 사람들을 통칭한다. 하지만 심리학의 발전으로 전형적인 사이코패스의 성향을 가진 일부 사람들도 자신을 통제해서 다르게 생각하는 방법을 배울 수 있게 되었다고 한다. 몇몇 연구는 많은 최고 경영자들과 리더들이 강한 사이코패스적 성향을 가지고 있으며, 올바른 방식으로 이용된다면 사이코패스적 성향이 성공으로 이어질 수 있다는 것을 보여주었다. 케빈 더튼Kevin Dutton과 SASSpecial Air Service(영국 공수특전단. 세계 최초의 대테러 특수 부대) 요원이었던 앤디 맥냅Andy McNab은 그들의 저서『성공을 바라는 사이코패스들을 위한 안내서The Good Psychopath Guide to Success』에서 내면의 사이코패스를 이용해서 인생을 최대한 활용하는 방법을 이야기하고 있다.

사이코패스를 더 자세히 알고 싶다면 170쪽의 자료를 참고하세요.

Q1

세상이 무너지고 있다. 당신은 어떻게 할까?

a. 차분하고 침착하다. 왜 이렇게 야단인지 이해하지 못한다.

b. 분 단위로 가능한 최선의 대응법을 찾아 실행한다.

c. 심한 공황 상태에 빠진다.

Q2

다른 사람의 몸에 상처를 입힐 수 있는가?

a. 상황에 따라 필요하다면 할 수 있다. (예를 들어 자기방어를 위해서)

b. 그렇다. 후회는 하지 않을 것이다.

c. 자기방어를 위해서라도 절대 할 수 없다.

Q3

거짓말에 대해서 어떻게 생각하는가?

a. 가끔 악의 없는 거짓말을 해야 할 때가 있다.

b. 정말 잘못된 일이다. 나는 절대 거짓말을 하지 않는다.

c. 아무렇지 않게 거짓말을 할 수 있다.

Q4

번지 점프, 스카이다이빙, 카레이싱과 같은 익스트림 스포츠를 좋아하는가?

a. 싫어한다. 무섭다.

b. 가끔. 종류에 따라 다르다.

c. 매우 좋아한다.

Q5

일이 잘못되고 있다면 당신은 어떻게 할까?

a. 내 잘못이 아니다.

b. 문제를 해결하기 위해 도움을 준다.

c. 나 때문이라고 생각한다.

Q6

진급 심사를 신청했는데 친구도 신청했다. 당신은 어떻게 할까?

a. 그 자리에 내가 적격이라면 내가 승진할 것이다. 혹 아니라면 친구를 축하해 준다.

b. 친구를 누르기 위해 할 수 있는 모든 일을 해서 반드시 승진한다.

c. 당연히 친구가 승진할 것이라고 생각한다. 혹은 신청을 포기한다.

Q7

원하는 것을 얻기 위해 애정이 없는 상대와 잠자리를 함께할 생각이 있는가?

a. 전혀 없다.

b. 아니라고 생각하지만, 상황에 따라 할지도 모른다.

c. 그렇다.

Q8

시험에서 부정행위를 할 생각이 있는가?

a. 가능하다. 어떤 부정행위냐에 따라 다르다.

b. 절대 하지 않는다.

c. 그렇다. 전혀 문제가 되지 않는다.

Q9

상처를 입고 고통스러워하는 동물을 본다면 어떤 느낌일까?

a. 큰 충격을 받는다. 동물이 고통을 받는 것은 보고 싶지 않다.

b. 아무 느낌도 없다. 그저 동물일 뿐이다.

c. 내 반려동물이라면 속이 상할 것이다. 야생의 동물이거나 내가 모르는 동물이라면 슬프긴 하겠지만 그 때문에 잠을 못 이룰 정도는 아니다.

Q10

당신은 충동적으로 일을 하는 것을 좋아하는가?

a. 별로. 하지만 대응은 할 수 있다.

b. 가끔은 재미있다.

c. 그렇다.

Q11

ATM에서 앞 사람이 돈을 그대로 두고 갔다. 당신은 어떻게 할까?

a. 기계가 돈을 다시 넣을 때까지 잠깐 기다린다. 그렇지 않다면 은행에 돈을 가져다준다.

b. 내 주머니에 넣는다. 그들의 실책이다.

c. 돈을 갖고 그 사람을 따라가서 건네준다.

Q12

두려움을 느낀 적이 있는가?

a. 그렇다. 나는 작은 일에도 크게 놀란다.

b. 가끔은. 항상 그런 것은 아니다.

c. 전혀 없다.

매우 높음 (30~36)

당신은 사이코패스이다.

이는 당신이 연쇄 살인마 후보라는 뜻이 아니다. 삶에서 자신이 원하는 것이 무엇인지 확실히 알고 어떤 것도 그 달성을 막게 놓아두지 않는다는 의미이다. 당신은 사이코패스와 연관되는 성향을 많이 보이며(무자비함, 자신감, 겁이 없음, 충동적, 카리스마, 정신적 강인함 등) 아마 공감력과 양심이 부족할 것이다. 이점을 인식한다면 좀 더 공감력을 높일 수 있도록 노력하고, 상황에 대해 다른 관점을 가지는 친구나 애인을 얻어서 그들의 눈으로 상황을 보는 능력을 키울 수도 있을 것이다. 당신은 얼마든지 선한 사이코패스가 될 수 있다.

높음 (21~29)

당신은 약간 사이코패스적 성향을 보이고 있다.

점수가 상당히 높다. 일을 완수해야 할 때가 있고 물러서야 할 시점을 인식해야 할 때가 있다는 것을 알고 있기 때문일 것이다. 사이코패스적 성향을 몇 가지 가지고 있지만 당신은 상황에 따라서 그런 성향을 강화하거나 누그러뜨리는 방법을 알고 있다. 당신이 이 지점에 와 있는 것은 다른 사람들이 성공하는 것을 지켜보고 그들의 행동을 모방해서 목표를 이룰 수 있었기 때문일 것이다. 하지만 조심해야 한다. 다른 사람과의 공감은 중요한 기술이며 균형 잡힌 관점을 가지는 것도 성공에 도움이 될 수 있다.

평균 (11~20)

당신은 세상에 대해서 현실적이다.

당신은 세상이 흑백으로 구분되지 않는다는 것을 인식하고 있다. 보통은 양심적이며 규칙에 따르고 남과 함께 일하는 것을 좋아하지만, 때가 되면 목표를 이루기 위해서 필요한 일을 한다. 때로는 불편하게 느껴지더라도 말이다. 당신의 가치관이나 신념 체계와 주변 세상의 원하는 것 사이에서 균형을 잡는 방법을 아는 것이 열쇠이다. 이것은 당신의 사이코패스 점수가 더 올라가는 것을 막아주며 한편으로 어려운 결정을 회피하지 않도록 도와줄 것이다.

낮음 (3~10)

당신은 위험 회피적이며 갈등을 피하는 것을 선호한다.

당신은 양심적인 사람이며 무슨 일이 있어도 갈등을 피하려고 한다. 모두의 생각과 감정을 고려한다. 이 때문에 자신이 불리해지더라도 말이다. 당신은 주변의 세상에 대한 공감력이 뛰어날 것이고 상처를 주는 말에 예민할 것이다. 우리는 누구나 불편한 상황을 다루어야 한다. 대립과 회복력을 둘러싼 기술을 개발하는 것이 당신이 세상을 좀 더 살기 편할 곳으로 느끼는 데 도움을 줄 것이다.

13

스트레스 테스트

나의 스트레스 유형은?

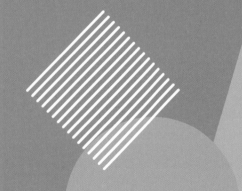

모든 사람이 일상적으로 스트레스를 받는다. 작은 스트레스 요인도 있고, 큰 스트레스도 있다. 각자 주변의 세상이나 다른 사람에 대응하는 방법에 있어 선호하는 바가 다르고 그에 따라 스트레스에도 다르게 대처한다. 이 테스트를 통해서 당신의 스트레스 수준이 어느 정도인지 알 수 있다. 이것을 알면 더 나은 방식으로 스트레스에 반응할 수 있는 방법을 찾아서 스트레스가 당신을 지배하는 것이 아니라 당신이 스트레스를 통제할 수 있게 될 것이다.

편집자 주 현재 당신의 심리 상태가 우울하거나, 비관적이라고 느껴지지만 그 원인이 무엇인지 알 수 없다면 이 테스트가 유용할 것이다. 고통이나 스트레스가 다른 사람들보다 높은 경우, 현재 심리 상태의 원인을 알 수 없는 경우에도 객관적인 평가가 가능하기 때문이다.

스트레스

스트레스는 신체에 긴장을 유발하고 정신 건강에 영향을 주는 신체적·정신적·정서적 문제이다. 스트레스는 여러 원인에서 비롯되지만 두 개의 큰 범주로 나눌 수 있다. 바로 외적 요인으로 유발되는 스트레스와 내적 요인으로 유발되는 스트레스다.

지난 세기 동안 스트레스 심리학의 과학적 연구가 많이 진행되었다. 이런 연구들 덕분에 스트레스가 사람들의 일상에 미치는 영향에 대한 지식과 이해가 깊어질 수 있었다. 이들 연구는 스트레스가 우리의 몸과 마음에 어떻게 작용하는지와 사람들이 각자 겪는 다양한 스트레스에 어떻게 다른 방식으로 반응하는지를 이해할 수 있는 자료가 되었다. 이것은 스트레스에 대처하고 스트레스를 다루는 방법을 개발하는 데 사용할 수 있는 적절한 정보들이 존재한다는 뜻이기도 하다. 스트레스의 영향은 개인에 국한되지 않으며, 한 사람이 스트레스에 대처하는 방식은 다른 사람들에게도 큰 영향을 준다. 자신의 스트레스 반응 정도를 인식하고 자신이 스트레스에 대처하는 방식을 이해하면 다른 사람의 스트레스 대체 과정에서 겪을 수 있는 영향을 최소화할 수 있다. 이것은 적절한 스트레스 관리를 가능케 해 결정이나 행동을 올바른 방향으로 이끌 수 있게 해준다.

스트레스를 더 자세히 알고 싶다면 170쪽의 자료를 참고하세요.

87

Q1

문제가 극복할 수 없을 정도로 많이 쌓이고 있다는 느낌을 자주 받는가?

a. 전혀 그렇지 않다.
b. 별로 그렇지 않다.
c. 때때로 그렇다.
d. 꽤 자주 그렇다.
e. 매우 자주 그렇다.

Q2

삶의 중요한 일들을 통제할 능력이 없다는 느낌을 자주 받는가?

a. 전혀 그렇지 않다.
b. 별로 그렇지 않다.
c. 때때로 그렇다.
d. 꽤 자주 그렇다.
e. 매우 자주 그렇다.

Q3

손을 꽉 쥐거나 어깨가 굽는 것 같은 긴장된 자세를 하고 있는 경우가 자주 있는가?

a. 전혀 그렇지 않다.
b. 별로 그렇지 않다.
c. 때때로 그렇다.
d. 꽤 자주 그렇다.
e. 매우 자주 그렇다.

Q4

예기치 않게 일어난 일 때문에 스트레스를 자주 받는가?

a. 전혀 그렇지 않다.
b. 별로 그렇지 않다.
c. 때때로 그렇다.
d. 꽤 자주 그렇다.
e. 매우 자주 그렇다.

Q5

생활하면서 스트레스를 줄이기 위해 적극적으로 활동을 하는 경우가 자주 있는가?

a. 전혀 그렇지 않다.
b. 별로 그렇지 않다.
c. 때때로 그렇다.
d. 꽤 자주 그렇다.
e. 매우 자주 그렇다.

Q6

일이 잘 풀리고 있다는 느낌을 자주 받는가?

a. 전혀 그렇지 않다.
b. 별로 그렇지 않다.
c. 때때로 그렇다.
d. 꽤 자주 그렇다.
e. 매우 자주 그렇다.

Q7

개인적인 문제를 자신감 있게 처리하는
경우가 많은가?

a. 전혀 그렇지 않다.

b. 별로 그렇지 않다.

c. 때때로 그렇다.

d. 꽤 자주 그렇다.

e. 매우 자주 그렇다.

Q8

해야만 하는 모든 일에 대처 능력이 없다는 느낌을
자주 받는가?

a. 전혀 그렇지 않다.

b. 별로 그렇지 않다.

c. 때때로 그렇다.

d. 꽤 자주 그렇다.

e. 매우 자주 그렇다.

Q9

당신의 통제 범위 밖에서 일어난 일 때문에
화가 나는 경우가 자주 있는가?

a. 전혀 그렇지 않다.

b. 별로 그렇지 않다.

c. 때때로 그렇다.

d. 꽤 자주 그렇다.

e. 매우 자주 그렇다.

Q10

불안과 스트레스를 자주 느끼는가?

a. 전혀 그렇지 않다.

b. 별로 그렇지 않다.

c. 때때로 그렇다.

d. 꽤 자주 그렇다.

e. 매우 자주 그렇다.

Q11

인생을 잘 헤쳐 나가고 있다는 느낌을 자주 받는가?

a. 전혀 그렇지 않다.

b. 별로 그렇지 않다.

c. 때때로 그렇다.

d. 꽤 자주 그렇다.

e. 매우 자주 그렇다.

Q12

일상에서 일어나는 짜증을 통제할 수 있는
경우가 많은가?

a. 전혀 그렇지 않다.

b. 별로 그렇지 않다.

c. 때때로 그렇다.

d. 꽤 자주 그렇다.

e. 매우 자주 그렇다.

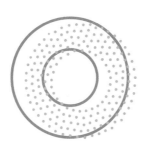

평온한 영혼 (12~28)

당신은 내적 평정을 찾은 상태이다.

당신은 삶을 있는 그대로 받아들이며 주변의 사람들 모두가 감지할 수 있는 내적 평안을 지니고 있다. 당신은 자신의 영향력 범위 내에 있는 것에 집중하며, 균형에서 벗어나지 않기 위해 이완 상태를 유지한다. 다른 사람들은 모든 것을 통제하려 애쓰느라 에너지를 소진하지만, 당신은 그것을 내려놓고 자신만의 존재 방식에 확신을 가지는 것이 최선이라는 것을 잘 알고 있다. 삶을 관조하는 것을 좋아한다. 무엇인가를 끊임없이 하는 것은 당신의 스트레스 수준을 크게 높이며 이런 상황에서 당신은 쉽게 균형을 잃는다. 삶에서의 스트레스를 다루기 위해서는 평정을 유지하고 세상의 스트레스가 당신을 지배하지 못하도록 할 방법을 찾아야 한다. 명상, 마음 챙김, 산책 등 당신에게 맞는 활동을 찾아서 자신을 굳건히 지키고 자신과의 연결을 잃지 않는다면 어떤 스트레스 상황도 극복할 수 있을 것이다.

시달리는 마음 (29~44)

당신은 너무 많은 것을 떠안고 있다.

당신은 항상 마음이 가는 방향을 따르고 모두를 도와주려는 사람이다. 때문에 너무 많은 것을 떠안곤 한다. 다른 사람들을 뒷받침하고 도와야 한다는 생각 때문에 정작 자신을 돌보는 일은 미뤄두는 때가 많다. 일반적으로 당신은 스트레스에 꽤나 잘 대처하지만 거절을 해야 할 때를 잘 모르는 경우가 많다. 당신이 다른 사람을 돕는 일을 좋아한다는 것은 당신이 늘 하나 더 맡을 수 있다고 생각한다는 의미이며, 결국 당신은 아주 극적인 형태의 번아웃에 이르게 될 확률이 높다. 하지만 여기에서 교훈을 얻지 못하고 몸만 회복되면 이전과 똑같은 방식으로 돌아갈 것이다. 삶에 작은 변화가 필요한 때이다. 당신이 해야 할 일의 목록을 살핀 뒤, 한 가지는 다른 사람에게 위임하고 한 가지는 하지 않기로 결정해 보라. 그렇게 함으로써 남은 시간은 당신을 위해 사용하는 것이다. 처음에는 이기적이라고 느껴지겠지만 일주일에 한 번쯤 여유 있게 목욕을 즐기거나, 자전거를 타거나, 집 근처를 산책하는 것만으로도 방전된 배터리를 다시 채우는 데 큰 도움이 될 것이다. 이로써 당신은 더 나은 판단을 할 수 있고 전체적인 스트레스 수준도 낮출 수 있다.

스트레스 덩어리 (45~60)

당신은 자주 시름에 잠긴다.

당신은 걱정이 많다. 일반적인 수준을 넘어서는 걱정들은 당신의 만성적인 문제이다. 당신은 모든 사람, 모든 것이 당신에게 반감을 갖는다고 믿으며 자신보다 비참한 삶을 사는 사람은 없다고 생각한다. 아주 작은 어려움도 당신을 흔든다. 당신은 놀라운 일이나, 사전 경고나 알림 없이 변화하는 인생의 모든 것을 싫어한다. 당신은 언제나 스트레스의 징후를 보인다. 특별한 이유가 없을 때도 많다. 당신의 스트레스는 보통 일어나지도 않은 미래의 문제에 집중하기 때문이다. 당신은 이런 일들을 미리 고려하고 이런 일들이 일어날 것이라고 생각한다. 걱정을 멈추려면 생각을 돌릴 거리가 필요하다. 악기를 연주하거나, 그림을 그리거나, 요리를 하는 등 집중이 필요한 취미를 찾는 것이 일상의 걱정으로부터 당신의 마음을 멀어지게 도와줄 수 있다. 호흡에 집중하고 숨이 어디에 머물러 있는지 (배나 가슴)를 의식하면 당신의 몸과 마음이 조화를 이루는 데 도움이 된다. 하지만 다른 무엇보다 악순환에서 벗어나기 위해 친구나 전문가의 도움을 구하는 것이 가장 필요한 일이다.

14 나는 낙천주의자인가, 비관주의자인가?

당신은 컵에 물이 반이나 남았다고 보는 사람인가, 아니면 반밖에 안 남았다고 보는 사람인가? 다른 사람들보다 긍정적인 사람들이 있다. 자신과 반대되는 선호를 가진 사람들의 관점을 이해하는 일은 쉬운 일이 아니다. 항상 비관적인 친구가 있다면 같이 있을 때마다 에너지가 소진되는 느낌을 받을 것이다. 하지만 마찬가지로 항상 낙천적이기만 한 사람도 사람들을 미치게 만든다. 다음의 테스트를 통해서 자신이 어떤 유형인지 알아보라. 당신 주위의 다른 사람과 세상에 대한 당신의 영향력을 염두에 두고 당신이 할 수 있는 일이 있는지 생각해 보는 계기가 될 것이다.

긍정적인 사고

긍정적인 사고의 힘은 삶의 모든 영역에 걸쳐 사람들에게 정신적·신체적으로 도움을 줄 뿐 아니라 사람들의 인생에 더 많은 성공을 가져다준다고 한다.

보다 긍정적인 방식의 사고가 미치는 영향을 주제로 한 많은 연구가 존재한다. '이것이 유효할 것이다.', '이것이 그들의 건강을 증진시키는 데 도움을 줄 것이다.'라고 믿는 사람들에게서 위약 효과가 나타나는 것과 같이, 긍정적인 사고는 당신의 건강을 증진하는 데 도움을 줄 것이다. 긍정적인 사고가 왜 그런 영향력을 가지는지에 대한 확실한 연구는 없지만, 다음과 같은 여러 가지 혜택이 긍정적 사고에 기인한다.

- 불안감과 우울감의 저하
- 보다 나은 정신적·신체적 건강
- 고난과 스트레스에 대한 더 나은 대처 기술
- 병과 감염에 대한 보다 나은 면역력
- 장수

여러 고위 경영자들이 자신의 성공 요인을 긍정적인 사고 덕분이라고 말하며, 많은 사람이 일상에서 보다 긍정적인 태도를 갖기 위해 노력한다. 일부 성격의 사람들은 다른 사람보다 부정적인 사고에 빠지는 경향이 있지만 자신의 선호를 검토하는 과정을 통해 긍정적인 사고와 같은 새로운 기술을 얼마든지 익힐 수 있다.

긍정적 사고를 더 자세히 알고 싶다면 170쪽의 자료를 참고하세요.

Q 1

주말에 캠핑을 갈 계획이었지만 비가 올 것이란 예보가 있다. 당신은 어떻게 할까?

a. 취소한다. 비가 오는데 갈 필요는 없다.

b. 그래도 간다. 하지만 숙박지를 글램핑장이나 산장으로 바꾼다. 나는 언제나 대안을 마련해 두고 있다.

c. 모든 것을 예정대로 진행한다. 전혀 문제가 되지 않을 것이라고 확신하기 때문이다.

Q 2

약속에 조금 늦을 것 같다. 당신은 어떻게 할까?

a. 마음을 편히 먹는다. 어쨌든 제시간에 도착할 것이다.

b. 늦어진 상황에 대해 주변의 모두를, 모든 것을 원망한다.

c. 시간을 좀 절약할 다른 방안을 찾기 시작한다.

Q 3

당신은 로또를 구입하는가?

a. 가끔. 하지만 1등을 기대하진 않는다.

b. 그렇다. 누군가는 1등을 하니까.

c. 사지 않는다. 돈 낭비이다.

Q 4

새로운 주택 개발 사업이 집 뒤에서 벌어지고 있다. 당신의 반응은?

a. 괜찮을 것이라고 확신한다. 공사가 끝나면 생활은 정상으로 되돌아올 것이다.

b. 새집으로 이사를 계획한다. 끔찍할 것이 분명하니까.

c. 조사를 좀 해보고 문제가 있으면 공사 승인에 이의를 제기한다.

Q 5

물이 반이나 차 있나, 아니면 반밖에 없나?

a. 반밖에 없다는 것만이 유일한 답이다. 왜 이런 질문을 하는지조차 모르겠다.

b. 모두가 요점을 놓치고 있다. 잔은 다시 채울 수 있다.

c. 반이나 차 있다. 항상 긍정적인 면을 보자.

Q 6

당신의 일에 대해 어떻게 생각하고 있나?

a. 내가 하는 일을 사랑한다.

b. 먹고살기 위해 해야만 하는 것이다.

c. 일 이외에 하고픈 것을 할 수 있게 해준다.

Q 7

카페에서 차를 한잔하기 위해 친구와 만났다. 도착했는데 줄이 길다면 당신은 어떻게 할까?

a. 결정을 하기 전에 시간이 얼마나 걸릴지 계산해 본다.

b. 다른 카페로 간다. 시간이 많이 걸릴 것이기 때문이다.

c. 줄을 선다. 그리 오래 걸리지 않을 것이라고 확신한다.

Q 8

몸이 아파서 친구들과의 휴가 계획을 취소해야 할 것 같다. 당신은 어떻게 할까?

a. 여전히 계획을 추진한다. 곧 나아질 것이라고 생각하기 때문이다.

b. 연기하거나 취소할 수 있을지 알아본다. 대신 집에서 휴가를 보내면서 친구들에게 사진을 보내달라고 할 것이다.

c. 취소한다. 몸이 아픈데 휴가를 가는 것은 의미 없는 일이다.

Q 9

환경을 보전하기 위해서 하는 일이 있는가?

a. 그러려고 노력하지만 무엇이 가장 큰 영향을 미치는지는 내가 판단한다.

b. 집 안의 불을 끄는 것 같은 간단한 일이더라도 매일 한다. 작은 것이 큰 차이를 만들 수 있다.

c. 시간 낭비이다. 우리 힘으로는 불가능하다.

Q 10

친구가 직장을 잃었다. 친구의 전화를 받았을 때 어떻게 대응하겠는가?

a. 필요한 것이 있으면 전화해 달라고 말한다. 무슨 말을 해야 할지 모르겠다.

b. 일자리 얻기 힘든 때인데 정말 안타깝다고 말한다.

c. 모든 일에는 이유가 있다고, 좋은 일이 일어날 것이란 의미 라고 말한다.

Q 11

여름휴가를 즐기기 위해 시골의 산장을 예약했다. 당신은 어떤 옷을 챙길까?

a. 모든 계절의 옷을 비롯해 필요하다고 생각되는 모든 것. 유 비무환.

b. 여름옷과 우비, 날씨가 변할 때를 대비한 스웨터. 날씨에 큰 변화가 있으면 옷을 사면 된다.

c. 여름이니까 여름옷만. 날씨가 좋을 것이라고 생각한다.

Q 12

곧 큰 스포츠 경기가 있다. 사무실에서 결과를 두고 내기를 한다. 당신은 어떻게 할까?

a. 확률을 살피고 가능성이 높은 쪽에 건다.

b. 내가 응원하는 팀에 건다. 그렇게 하지 않는다는 것은 배신 이다.

c. 이런 내기에 이겨본 적이 없다. 따라서 내기에 참여하는 것 은 의미가 없다.

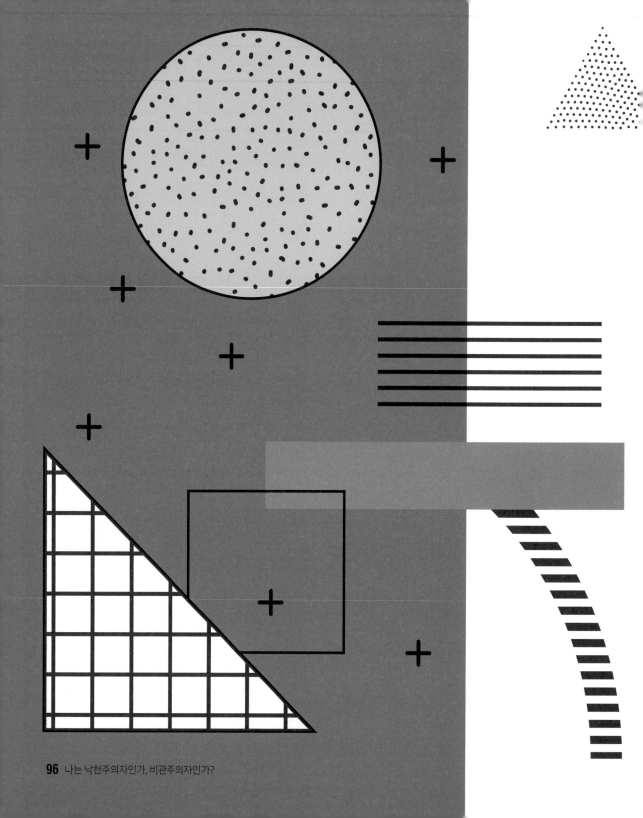

낙천주의자 (✚가 많은 경우)

당신은 인생을 사랑하며 삶의 긍정적인 면만을 본다.

당신은 인생의 모든 긍정적인 것을 찾고 모든 것에서 매력과 놀라움을 발견한다. 당신은 세상에 긍정적인 영향을 주는 힘이 있으며 당신에게 일어나는 결정과 경험을 통제할 수 있다고 믿는다. 미래 지향적인 사람인 당신은 항상 내일이 더 나을 것이라고 믿으며 현재는 즐겨야 할 시간으로 생각한다. 모든 사건은 기회이며, 모든 도전은 미래를 위해 뭔가를 배울 수 있는 길이다. 부정적인 문제는 당신이 배워야만 하는 무엇인가를 가르쳐주기 위해서 존재하는 것이다. 당신은 삶의 작은 일에 감사하며, 매일을 꿈을 충족시킬 과정이라고 인식한다.

현실주의자 (■가 많은 경우)

당신은 긍정적인 태도를 유지하는 것을 좋아하지만 현실적인 요소가 존재한다는 것도 인식한다.

당신은 언제나 계획이 있는 사람이며 현실의 렌즈로 세상을 본다. 당신은 나쁜 일도 일어날 수 있지만 그런 가능성을 낮출 방법에 집중해 삶에서의 통제력을 얻음으로써 그런 일을 피할 수 있다고 생각한다. 당신은 언제나 어떤 부정적인 사건이 생길 수 있는지, 최악의 시나리오는 무엇인지 예상한 뒤 그것을 피할 방법을 계획한다. 이를 통해 당신은 어떤 일이 일어나든 실패를 피할 수 있는 다른 여러 대안을 만든다. 당신은 계획과 노력이 인생에 원하는 것을 가져다줄 것이며, 최악을 막고 당신에게 좋은 방향으로 일을 돌아가게 만드는 계획이 중요하다고 믿는다. 당신은 '마법의 지팡이' 같은 비합리적인 기대를 절대 하지 않으며 이룰 수 있는 현실적인 꿈을 꾼다.

비관주의자 (▲가 많은 경우)

당신은 실망을 피하기 위해 최악을 가정한다.

당신은 언제나 최악을 가정한다. 그런 방식을 택해야 나쁜 상황이 오더라도 실망하지 않을 테니까. 당신은 종종 과거에 집중하고 미래를 예상하는 데 그것을 사용한다. 학교에서 어떤 일에 실패했다면 나머지 인생도 실패할 것이라고 결론지어 버리는 것이다. 당신은 모든 도전을 당신의 삶을 힘들게 만들기 위해 다가온 것으로 여기며, 기존 배경 때문에 당신은 삶에서 더 이상 이룰 수 있는 것이 없다고 생각한다. 또한 약간의 부정적인 언급도 자신에 대한 공격으로 받아들이는 경향이 있다. 하루의 시작에 조그마한 부정적 사건이 발생하면, 당신은 그날을 망치게 될 것이라고 증명하기 위해 모든 다른 부정적인 사건을 찾을 것이다. 비관주의자들은 삶의 부정적인 면에 집중하면서 쉽게 우울감에 빠진다. 좋은 일이 생기더라도 당신은 그 상황에서 나쁜 면을 찾곤 한다. 이런 악순환을 끊기 위해서는 다음을 매일 실천해서 비관주의의 사이클을 깨보자.

① 나를 행복하게 하는 것을 찾아 집중한다.

② 해법에 집중한다.

③ 관점을 바꾼다.

④ 주위를 낙천적인 사람들로 채운다.

⑤ 스스로를 칭찬한다.

현실적인 것은 좋지만 변화를 일으키기 위해서는 때로 세상을 다른 눈으로 봐야 한다.

15

나를 상징하는 동물은?

이 테스트는 각 사람의 성격을 상징적 동물로 구체화해 보여줌으로써 그 사람이 올바른 길을 찾을 수 있게 도와준다. 이 재미있는 테스트를 통해 당신을 상징하는 동물이 무엇인지, 당신과 그 동물이 어떤 성격을 공유하는지, 그 동물로부터 배울 수 있는 것은 무엇인지 발견하게 될 것이다. 상징적 동물은 당신이 가는 길과 당신의 잠재력과 당신의 진실과 유리되지 않고 사는 방법을 상기시켜 주는 안내자 역할을 한다.

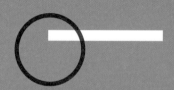

편집자 주 이 테스트는 알려져 있는 동물 심리 테스트와는 조금 다르다. 이것은 동물을 의인화한 테스트들과는 달리 당신의 심리 기저에 있는 원형과 관련된 테스트이다. 상징주의 관점에서 각 동물이 뜻하는 의미에 맞추어져 있어 당신의 무의식과 본능에 가깝게 디자인되어 있다.

상징적 동물

상징적 동물은 많은 문화권에서 사람이 자신의 깊은 내면과 연결될 수 있는 방법으로 인식되고 있다. 상징적 동물은 인간의 성격에 상징을 연결시킨 가장 오래된 형태이다.

북아메리카의 체로키 부족에서 스칸디나비아의 바이킹, 오스트레일리아의 원주민까지 역사의 도처에서 인간의 모든 문화에 깊숙이 자리 잡은 상징적 동물의 이야기를 발견할 수 있다. 이런 상징적 동물은 사람의 특성을 동물과 연결시켜 범주화하고 이해하는 한편 그런 생각을 이용해서 사람들로 하여금 자신의 성격을 개발하게 하는 성격 진단의 초기 형태라고 볼 수도 있다. 현대 서구 사회에서도 사람들을 함께 살아가는 동물들의 특성과 연결하여 묘사하곤 한다. 이런 동물 원형은 우리가 연결시키는 특정 행동의 상징으로 무의식 속에 내재되어 있다. 따라서 누군가를 늑대 같다고 설명하면 당신은 자연스럽게 늑대에게서 느끼는 상징성을 상대에게 연결시켜 그런 묘사가 사용되기 전과 다르게 반응한다.

상징적 동물을 더 자세히 알고 싶다면 170쪽의 자료를 참고하세요.

Q1

여가 시간에 즐기는 활동은?

a. TV를 본다.

b. 책을 읽는다.

c. 혼자 등산을 한다.

d. 새로운 장소를 탐험한다.

e. 친구들과 어울린다.

f. 명상을 한다.

Q2

즐겨 보는 TV 프로그램은?

a. 역사 다큐멘터리

b. 여행 프로그램

c. 코미디

d. 시트콤

e. TV를 보지 않는다.

f. 뉴스와 시사

Q3

가장 좋아하는 음식은? 그 음식을 어디에서 먹는 것을 좋아하는가?

a. 가족들과 운동 경기를 보러 가서 먹는 버거

b. 친구들과 야외에서 BBQ로 먹는 해산물

c. 조용한 곳에서 먹는 몸에 좋은 샐러드

d. 좋은 레스토랑에서 즐기는 스테이크 정찬

e. 일을 하면서 먹는 샌드위치

f. 가족들과 함께하는 일요일 점심 식사

Q4

가장 좋아하는 형태의 운동은?

a. 축구

b. 걷기

c. 달리기

d. 요가

e. 수중 스포츠

f. 운동을 좋아하지 않는다.

Q5

학창 시절에 가장 좋아했던 과목은?

a. 지리

b. 수학

c. 체육

d. 역사

e. 과학

f. 미술/음악

Q6

가장 여행하고 싶은 곳은?

a. 남아메리카

b. 아프리카

c. 로마

d. 스코틀랜드

e. 하와이

f. 옐로스톤 국립공원

Q7

가장 좋아하는 음료는?

a. 아메리카노

b. 에스프레소

c. 허브티

d. 핫 초콜릿

e. 차

f. 콜라

Q8

가장 이상적이라고 생각하는 데이트는?

a. 고급 레스토랑에서의 식사

b. 클래식 콘서트

c. 바에서 듣는 라이브 음악

d. 나이트클럽

e. 모험적인 활동

f. 석양을 볼 수 있는 조용한 장소

Q9

소셜 미디어를 얼마나 이용하는가?

a. 소셜 미디어를 이용하지 않는다.

b. 매일. 하지만 시간을 정해 둔다.

c. 하루 한 번 확인한다.

d. 계속해서 소셜 미디어를 확인한다.

e. 저녁 시간에 친구들과 채팅을 한다.

f. 한 달에 한 번 정도 확인한다.

Q10

소셜 미디어를 이용하는 이유는 무엇인가?

a. 내 삶에서 벌어지는 일들을 공유하는 수단으로 사용한다.

b. 가족들과 연락을 유지하기 위해 사용한다.

c. 사용하지 않는다. 시간 낭비라고 생각한다.

d. 글을 전혀 올리지 않는다. 다른 사람이 올리는 글만 본다.

e. 나를 좋아하는 사람들과 연락을 유지하기 위해 사용한다.

f. 친구들과 채팅을 하기 위해 사용한다.

Q11

당신은 스트레스를 어떻게 처리하는가?

a. 친구들과 수다를 떤다.

b. 혼자 달리기를 하면서 머리를 비운다.

c. 사실과 자료에 몰두한다.

d. 한 발 떨어져서 큰 그림을 본다.

e. 가족들과 시간을 보낸다.

f. 마음 챙김과 명상을 실천하거나 자연 속을 걷는다.

Q12

보통 어느 때 눈물을 흘리는가?

a. 세상의 아름다운 모습이나 정의가 실현되는 상황에서

b. 잘 울지 않는다. 우는 것은 좌절감이나 불만 때문이다.

c. 사랑하는 사람의 부당한 행동에 혼자 조용히 눈물짓는다.

d. 울지 않는다.

e. 목표를 달성했을 때

f. 친구들과 너무 웃어서

호랑이 (■가 많은 경우)

당신은 강하고 단호하다.

당신은 목적하는 바를 이루기 위해 혼자 나아가는 것을 두려워하지 않는다. 논리적이고 결단력이 있다. 강한 의지로 이끌고 일을 추진하는 데 두려움을 느끼지 않는다. 그것이 누군가를 화나게 하는 것일지라도 말이다. 당신은 강한 자신감의 소유자로 힘을 과시할 줄 안다. 당신은 어려운 결정을 쉽게 하며 반드시 일을 완수하고 목표를 달성한다. 하지만 어떤 대가를 치르더라도 결과를 얻겠다는 욕구 때문에 사람들을 밟고 일어서는 일이 생기지 않도록 주의를 기울여야 한다. 혼자 자신 있게 걷는 사람은 사람들을 함께 데리고 가는 것을 잊는 경향이 있기 때문이다.

독수리 (★이 많은 경우)

당신은 자유로우며 가능성에 대해 열려 있다.

당신은 항상 새로운 도전과 가능성을 찾는 모험가이다. 세상을 탐구할 수 있는 자유를 사랑하고 자신이 가야 할 길과 방향을 결정하기 위해 큰 그림을 보는 전략적인 사람이다. 정착하는 것을 어려워하며 일상적인 역할을 힘겹게 받아들인다. 당신은 당신이 하는 모든 일에서 유연성과 변화를 원한다. 이것이 당신을 흥분하게 하고 일에서 남다른 아이디어를 떠올리게 하기 때문이다. 사람들이 당신을 고정된 역할, 고정된 라이프 스타일, 고정된 한 가지 방식으로 묶어두려 한다면 당신은 뒤도 안 돌아보고 당장 새로운 모험을 찾아 떠날 것이다. 안정 속에서 당신이 삶에서 원하는 것을 줄 수 있는 자유를 누릴 방법을 찾아보자.

돌고래 (▲가 많은 경우)

당신은 재미있고 수다스럽다.

발랄한 당신은 무리의 일원이 되어 즐기고, 이야기하는 것을 좋아한다. 모두를 함께 모여 웃게 하는 데 이상적인 사람이다. 당신은 삶의 밝은 면을 보며 친구들과 어울리는 것을 좋아한다. 당신은 친구를 쉽게 만들고, 아무도 당신의 매력을 거부하지 못하기 때문에 지인이 많다. 때로 당신이 인생을 진지하게 받아들이지 않는다고 생각하는 사람들도 있지만, 당신은 주변의 모든 사람에게 충실하고, 솔직하며 친절하다. 당신은 의무를 완수하되 그 과정에서 당신만의 방식을 택한다. 때로는 '어른답게' 행동해야 한다는 것을 잊곤 하므로 친구나 가족과 함께 어른으로서의 삶을 좀 더 재미있게 만들 방법을 찾아야 할 수도 있다.

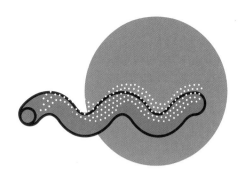

곰 (✚가 많은 경우)

당신은 느긋하며 믿을 수 있다.

당신은 가족적인 사람이다. 가족은 당신에게 삶의 의미이며 목적이다. 사람들은 세상을 보는 당신의 태평한 시각을 게으름으로 해석하지만, 그렇지 않다. 당신은 믿을 수 있는 사람이며 강한 의지를 갖고 있다. 당신은 사랑하는 사람을 지키고 보호할 것이며, 가족들이나 친구들과 편안히 지내는 시간을 가장 중요하게 생각한다. 이는 가정과 일이 뒤섞이지 않게 할 수 있는 한 성실하게 일을 하는 것에서도 만족한다는 의미이다. 사람들을 웃고 미소 짓게 만드는 일, 모두를 편안하게 만드는 일이 당신에게 기쁨을 가져다준다.

올빼미 (✱가 많은 경우)

당신은 현명하고 믿을 수 있다.

당신은 학구적이며 배우는 것을 좋아하고 많은 현대적인 활동을 경박하고 의미 없는 일이라고 생각한다. 당신은 지적 탐구심이 강해 항상 더 많은 정보와 새로운 주제를 공부할, 더 많은 이유를 찾아다닌다. 사람들은 당신에게 많이 의존한다. 모두가 당신이 일을 깨끗이 해결하리라는 것을 알기 때문이다. 다른 사람이 이런 일을 할 수 없거나 배우려 하지 않을 때는 화가 나기도 한다. 당신은 세상을 당신이 모니터링하고 있는 실험인 것처럼 관찰하면서 지식을 독점하려는 경향이 있다. 모든 상황을 지나치게 논리적으로 분석하는 탓에 다른 사람과의 공감이 부족한 편이다. 그렇지만 자신이 받아들인 사람들에게는 대단히 충실하다.

토끼 (♥가 많은 경우)

당신은 신비하고 독특하다.

당신은 언제나 아웃사이더라는 느낌을 갖고 있다. 세상은 유대를 형성하기 어려운 곳이다. 세상은 시끄럽고, 너무 밝고, 너무 많은 자극이 있다. 당신은 거기에서 숨고, 당신 주위에서 진동하는 모든 에너지를 피하고 싶은 욕구를 자주 느낀다. 당신은 존재하는지 확신하지도 못하는 평화를 꿈꾼다. 그런 평화를 계속해서 찾아다닌다. 당신 가슴속에는 어떤 다른 것에 대한 아픔이 있기 때문이다. 사람이 많이 모이는 자리에 있는 것은 당신이 싫어하는 일이며 당신은 깊은 관계를 맺을 수 있는 마음이 맞는 사람들을 꾸준히 찾아다닌다. 당신은 자신에게 중요한 일에 대해서는 열정적이며, 갈등을 싫어하지만 중요한 일을 위해서는 싸움도 불사한다. 사람들은 당신을 좀 이상하게 볼 테고, 당신의 독특한 스타일과 존재 방식은 사람들로 하여금 당신을 피하게 만들 것이다. 하지만 당신은 이런 것을 걱정하지 않는다. 당신 특유의, 당신 혼자만의 길을 걷고 있다는 것을 잘 알고 있기 때문이다.

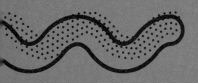

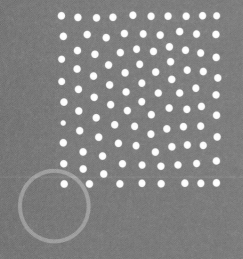

창의성 테스트

16

나의
창조 스타일은?

우리에게는 각자 나름의 창조 스타일이 있다. 요리를 하든, 그림을 그리든, 춤을 추거나, 악기를 연주하거나, 책을 쓰는 것이든 말이다. 우리는 모두가 창의성을 품고 있고 그것을 각자 다른 방식으로 드러낸다. 이 재미있는 테스트를 통해 당신의 창조 스타일을 확인하고 당신의 삶에 더 많은 것을 더할 수 있다. 창의성은 어떤 형태이든 우리를 빛나게 만들며, 창의적인 에너지를 활용함으로써 우리 삶의 모든 측면에 도움을 받을 수 있다.

편집자 주 이 테스트는 당신이 생각을 현실화하는 방법으로 어느 장르가 적합한지를 보여준다. 스트레스를 해소할 만한 취미를 가지고 싶다면 그 기준이 될 수도 있다. 직업 적성과도 관계가 깊다. 당신이 연극을 좋아하는데 작가 쪽에 가깝다면 각본가로 당신의 예술성을 펼치는 것이 추천되는 것과 같은 방식이다. 취미나 직업 선택에 있어 기준이 되는 키워드를 찾고 있을 때 유용한 테스트이다.

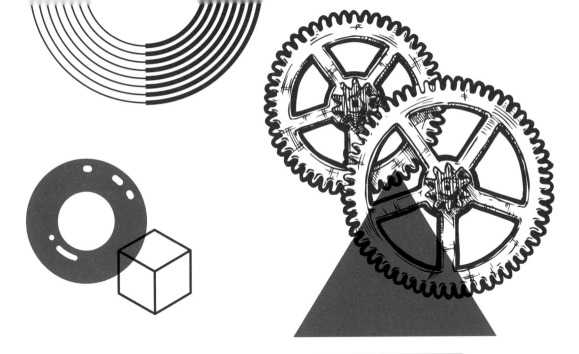

창의성 유형

창의성은 우리 모두에게 아주 중요한 것이다. 창의성은 우리로 하여금 문제를 해결하고, 새로운 아이디어를 생각하고, 삶을 차별화할 수 있게 돕는다. 창의성은 종종 그저 '예술적인 것'으로 국한되어 필수 요소가 아니라고 무시를 받곤 한다. 하지만 모든 역할에는 창의성이 필요하다.

창의성은 인간을 구성하는 필수적인 요소인데도 중요치 않은 것으로 간과되는 경우가 많다. 경력을 쌓거나 학업을 하는 데 우선되어야 하는 것은 논리나 추론이라고 생각하기 때문이다. 하지만 창의성이 없으면 어떤 위대한 발명이나 사상도 존재할 수 없다. 자신의 창의적 요소를 발견하는 것은 모두에게 꼭 필요한 일이다. 이렇게 함으로써 다른 영역에서 아이디어를 촉발시킬 수 있기 때문이다. 창의적인 예술은 많은 사람의 삶을 즐거움으로 채우며, 거기에 창의적인 과학이 결합되면 우리는 놀라운 것들을 접하게 된다. 위대한 과학적 발견을 조사하다 보면 과학과 예술을 결합시킨 인물들을 만나게 되는데 위대한 물리학자 앨버트 아인슈타인Albert Einstein이 바이올리니스트이기도 했던 것처럼 말이다. 예술은 과학자들이 여러 이론을 만들어내는 데 도움을 주었다. 우리는 사회적 기대에 맞추느라 좋아하는 것들을 종종 뒤로 미루고 산다. 그러나 자신의 창의성을 포용하는 것은 삶에서 더 많은 만족감을 얻는 데 꼭 필요하다.

창의성을 더 자세히 알고 싶다면 170쪽의 자료를 참고하세요.

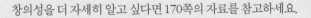

Q1

다음 중에서 가장 해보고 싶은 직업은?

a. 무용가나 배우

b. 예술가나 조각가

c. 시인이나 작가

d. 가수나 음악가

Q2

창의성에서 가장 중요하다고 생각하는 것은?

a. 창의적이고자 하는 욕구

b. 일에 대한 애정

c. 나 자신과의 연결

d. 다른 사람에게 즐거움을 선사하는 것

Q3

악기를 연주한다면 어느 부분에서 가장 큰 즐거움을 얻을까?

a. 내면의 나 자신과 연결된다.

b. 나의 음악을 다른 사람과 공유할 수 있다.

c. 악기를 최대한 활용할 수 있다.

d. 음악을 통해서 내가 어떤 사람인지 표현한다.

Q4

무언가를 창조할 때 가장 기대하는 부분은?

a. 대상에 생명을 불어넣는 것

b. 대상이 나에게 주는 느낌

c. 대중에게 나의 작품을 보여주는 것

d. 아이디어 단계

Q5

어느 것이 가장 나을까?

a. 극장에 간다.

b. 전시회에 간다.

c. 독서 그룹에 가입한다.

d. 음악 공연에 참석한다.

Q6

학창 시절에 가장 좋아했던 과목은?

a. 언어

b. 음악

c. 문학

d. 미술

Q7

창조성을 배출하는 경로는?

a. 글쓰기

b. 노래하기 혹은 악기 연주하기

c. 그리기

d. 다른 사람을 위해 요리하기

Q8

스토리를 받아들이는 방식으로 가장 선호하는 것은?

a. 영화나 애니메이션을 본다.

b. 책을 읽는다.

c. 오디오 북을 듣는다.

d. 만화나 웹툰을 본다.

Q9

창조적이 되기 위해 필요한 것은?

a. 시간

b. 열정

c. 타고난 재능. 창의성은 타고나는 것이다.

d. 규칙적인 실천

Q10

당신은 창의적인가?

a. 그렇다. 나는 창조적인 직업을 갖고 있다.

b. 그렇다. 나는 취미로 창의적인 활동을 하고 있으며 일을 마친 후 시간을 낸다.

c. 비교적 그렇다. 나는 이런저런 것들을 취미로 조금씩 만들고 있다.

d. 아니다. 나는 전혀 창의적이지 않다.

Q11

당신이 집에 가지고 있는 것은?

a. 여러 형식의 예술 작품. 그림이나 장식

b. 집 여기저기에 있는 책

c. 음악, 방마다 음악을 재생하는 도구, LP, CD, 악기

d. DVD, 스크린 등

Q12

사람들은 당신을 어떻게 묘사하는가?

a. 가수

b. 글을 쓰는 사람

c. 연예인

d. 몽상가

결과: 나의 창조 스타일은?

Q1 a✚,b■,c★,d▲	Q4 a■,b▲,c✚,d★	Q7 a★,b▲,c■,d✚	Q10 a■,b✚,c▲,d★
Q2 a■,b▲,c★,d✚	Q5 a✚,b■,c★,d▲	Q8 a✚,b★,c▲,d■	Q11 a■,b★,c▲,d✚
Q3 a★,b✚,c▲,d■	Q6 a✚,b▲,c★,d■	Q9 a★,b✚,c■,d▲	Q12 a▲,b■,c✚,d★

화가 (■가 많은 경우)

시각적인 몽상가.

세상은 캔버스이고 매일 당신은 세상이 보여주는 경이에 넋을 잃는다. 당신 주위의 모든 것은 시각적 미를 위한 것이다. 어떤 색상들이 잘 어울리는지, 어떻게 색상을 조합하는지 아는 눈을 타고난다는 것은 얼마나 놀라운 일인가. 일상적인 일을 할 때 당신은 다른 사람이 보지 못하는 것들을 본다. 당신은 눈을 크게 뜨고 그림과 창작의 영감을 주는 모든 것을 본다. 어떤 매체를 택하든 당신은 세상을 모두가 볼 수 있는 예술로 바꾸고 싶은 욕망을 느낀다. 창의성을 표출하는 일을 하고 있지 않다면 매일 스케치를 하거나, 온라인 수업 혹은 야간 강좌에 등록해 보라. 작은 발걸음을 내딛고 당신의 진실한 모습을 조금 더 표출하는 활동을 하고, 당신의 마음을 노래하게 하는 것들을 찾아보는 것이 어떨까?

연기자 (✚가 많은 경우)

사람을 좋아하는 연극적인 사람.

당신은 밝은 빛과 현란함, 화려함을 사랑한다. 당신은 극적인 표현으로 청중을 숨 막히게 하는 것을 좋아한다. 당신은 어떤 것이든 생생하고 화려한 것을 좋아한다. 공연을 할 때마다 당신은 청중을 사로잡고 그들을 일상의 삶에서 끌어내 마법과 경이의 세계로 데려가고 싶어 한다. 공연을 하고 있지 않을 때라도 당신은 직장과 파티에 활력을 불어넣는 사람으로 알려져 있을 것이다. 하지만 배출구가 없다면 당신은 좌절할 수 있다. 표현하는 일을 하지 않고 있다면 일상생활에서 당신의 이런 면을 끄집어낼 방법이 없는지 생각해 보자. 아마추어 연극 클럽에 가입해서 스탠드업 코미디를 할 수도 있을 것이다. 당신의 빛을 발산시키는 일을 하라.

음악가 (▲가 많은 경우)

조용한 자신감.

음악은 소리에 생명력과 마법을 불어넣는 일련의 패턴이다. 당신은 이른 아침 새들의 지저귐 속에 있는 모든 음에 귀를 기울이고, 수도꼭지에서 떨어지는 물소리에서 황홀한 음악을 듣는다. 온 세상이 끊임없이 곡을 연주하고, 당신은 항상 머릿속에서 노래를 부른다. 음악을 듣고 악보 없이 연주를 하든, 악보에 철저히 따르든, 집에서 노래를 흥얼거리든, 당신에게 가장 큰 영향을 주는 것은 소리와 음악이다. 당신의 음악적 측면을 포용하는 활동을 하고 있지 않다면 어떤 취미를 가지면 좋을지 생각해 보자. 컴퓨터의 음악 소프트웨어로 자신만의 음악을 만들거나, 악기 연주법을 배우거나, 합창단에 들어갈 수도 있을 것이다. 당신을 당신의 창조성과 연결시키는 삶의 일상적인 패턴과 리듬에 귀를 기울여보라.

작가 (★이 많은 경우)

글을 통해 자신의 꿈을 공유하는 조용한 영혼.

작가들은 내면의 세상을 사랑한다. 당신은 나뭇잎이 떨어지는 모습, 바람의 변화, 낯선 사람의 미소 이런 모든 것에서 스토리를 발견한다. 이 모든 것이 새로운 캐릭터, 새로운 스토리, 당신의 이야기를 전하는 새로운 방식에 영감을 준다. 당신은 생생한 상상력을 가지는 경향이 있으며 몇 시간씩 사고와 상상의 세계에 빠져 있을 수 있다. 현실로 돌아와 종이에 생각을 옮기는 것이 어려울 수도 있다. 하지만 일단 리듬을 타면 글은 다 마를 때까지 강물처럼 흘러나온다. 모든 것을 꺼낸 후 당신은 다시 자신을 발견하기 위해 내면에 세계로 돌아가야 한다.

17

나는 규칙을
어떻게
수용하는가?

당신은 이유 없는 반항아인가, 아니면 원칙주의자인가? 사람들은 세상에 존재하는 규칙이나 지침을 각기 다른 시각으로 바라보곤 한다. 그래서 어떤 사람이 큰 위법 행위라고 여기는 것을 다른 사람은 그렇지 않다고 생각하고 소란을 피우기도 하고 그 둘은 서로를 이해하지 못한다. 이 테스트를 통해서 자신이 규칙을 수용할 때 어떤 시각으로 접근하는지를 알아보자.

편집자 주 이 테스트를 함께 일하는 사람이나 당신을 잘 아는 친구, 함께 거주하는 가족이 평가해 주는 것도 방법의 하나이다. 이 테스트는 객관적인 당신의 성향을 알 수 있게 해주는 테스트로 당신의 성공이나 실패의 원인을 알 수 있는 방법이 될 수 있다. 자신을 냉정하게 바라볼 수 있는 사람은 많지 않기 때문에 당신을 잘 아는 여러 명과 함께 해보는 것을 추천한다.

4대 경향 The Four Tendencies

4대 경향은 그레첸 루빈Gretchen Rubin이 개발한 것이다. 그녀는 인간 본성에 대한 연구 이후 사람들이 심화된 자기 인식을 위해 답해야만 하는 한 가지 질문이 있다는 결론을 내렸다. 그 질문은 '나는 기대에 어떻게 반응하는가?'이다.

연구 도중 그레첸은 이 질문에 대한 대답을 근거로 사람들을 네 가지 경향으로 나눌 수 있는 것을 발견했다. 이런 경향은 개인 생활의 모든 영역, 그들이 다양한 환경에서 반응하고 행동하는 방식을 규정한다. 이러한 경향을 이해함으로써 더 나은 결정을 내리고, 마감 시한에 맞추고, 스트레스에 대응하고, 다른 사람들과 보다 효과적으로 상호 작용을 할 수 있다. 250만 명 이상의 사람들이 자신의 경향을 판단하는 데 도움을 주는 그녀의 온라인 테스트를 받았다. 4대 경향은 다음과 같다.

① 지지자: 무엇을 해야 하는지 알기를 원한다.
② 질문자: 정당화를 원한다.
③ 조력자: 책임과 의무를 필요로 한다.
④ 반항아: 자신의 방식으로 일을 할 자유를 원한다.

4대 경향을 더 자세히 알고 싶다면 170쪽의 자료를 참고하세요.

Q1

중요한 약속에 정시에 도착할 가능성은?

a. 가능성이 매우 낮다.

b. 가능성이 꽤 낮다.

c. 때때로

d. 가능성이 꽤 높다.

e. 가능성이 매우 높다.

Q2

사람들은 당신이 마감을 맞출 가능성이 낮다는 것을 알고 있다. 때문에 당신에게 마감이 있는 과제를 맡기지 않는다.

a. 가능성이 매우 낮다.

b. 가능성이 꽤 낮다.

c. 때때로

d. 가능성이 꽤 높다.

e. 가능성이 매우 높다.

Q3

보건 안전 규칙을 어기고 있는 사람에게 당신이 한마디 할 가능성은?

a. 가능성이 매우 낮다.

b. 가능성이 꽤 낮다.

c. 때때로

d. 가능성이 꽤 높다.

e. 가능성이 매우 높다.

Q4

프로젝트 마감을 지키지 않는 사람들에게 불만을 느낀다.

a. 가능성이 매우 낮다.

b. 가능성이 꽤 낮다.

c. 때때로

d. 가능성이 꽤 높다.

e. 가능성이 매우 높다.

Q5

방학이나 휴가 기간 동안 일정표나 계획표를 철저히 지킨다.

a. 가능성이 매우 낮다.

b. 가능성이 꽤 낮다.

c. 때때로

d. 가능성이 꽤 높다.

e. 가능성이 매우 높다.

Q6

정해진 마감을 정확히 지킨다.

a. 가능성이 매우 낮다.

b. 가능성이 꽤 낮다.

c. 때때로

d. 가능성이 꽤 높다.

e. 가능성이 매우 높다.

Q7

다른 사람과의 약속을 깬다.

a. 가능성이 매우 낮다.

b. 가능성이 꽤 낮다.

c. 때때로

d. 가능성이 꽤 높다.

e. 가능성이 매우 높다.

Q8

자신과의 약속을 깬다.

a. 가능성이 매우 낮다.

b. 가능성이 꽤 낮다.

c. 때때로

d. 가능성이 꽤 높다.

e. 가능성이 매우 높다.

Q9

직장에 복장 규정이 있다면 당신은 그 규정을 지킨다.

a. 가능성이 매우 낮다.

b. 가능성이 꽤 낮다.

c. 때때로

d. 가능성이 꽤 높다.

e. 가능성이 매우 높다.

Q10

어떤 과제를 충실히 이행하라는 요구를 받은 경우, 당신은 기대에 정확히 부응한다.

a. 가능성이 매우 낮다.

b. 가능성이 꽤 낮다.

c. 때때로

d. 가능성이 꽤 높다.

e. 가능성이 매우 높다.

Q11

자신을 항상 규칙을 지키는 사람이라고 묘사할 수 있는가?

a. 가능성이 매우 낮다.

b. 가능성이 꽤 낮다.

c. 때때로

d. 가능성이 꽤 높다.

e. 가능성이 매우 높다.

Q12

새해 계획을 세우면 지킨다.

a. 가능성이 매우 낮다.

b. 가능성이 꽤 낮다.

c. 때때로

d. 가능성이 꽤 높다.

e. 가능성이 매우 높다.

결과: 나는 규칙을 어떻게 수용하는가?			
Q1 a 1, b 2, c 3, d 4, e 5	**Q4** a 5, b 4, c 3, d 2, e 1	**Q7** a 1, b 2, c 3, d 4, e 5	**Q10** a 5, b 4, c 3, d 2, e 1
Q2 a 1, b 2, c 3, d 4, e 5	**Q5** a 5, b 4, c 3, d 2, e 1	**Q8** a 1, b 2, c 3, d 4, e 5	**Q11** a 5, b 4, c 3, d 2, e 1
Q3 a 5, b 4, c 3, d 2, e 1	**Q6** a 5, b 4, c 3, d 2, e 1	**Q9** a 5, b 4, c 3, d 2, e 1	**Q12** a 5, b 4, c 3, d 2, e 1

지지자 (12~28)

당신은 규칙은 반드시 지켜야 하는 것이라고 믿는다.

규칙이 존재하는 데에는 이유가 있으며, 당신은 규칙이 없으면 세상이 무너질 것이란 굳은 믿음을 갖고 있다. 요리를 할 때도 레시피를 그대로 지키며, 어떤 식으로든 변화를 고려하지 않는다. 규칙 위반자들 때문에 짜증이 날 때가 많으며, 다른 사람이 중요하게 여기는 명확한 지시를 따르지 않는 사람들을 이해할 수 없다. 당신은 자신에게든 다른 사람에게든 무언가를 하겠다고 약속하면 반드시 실행한다. 규칙과 지시를 지키는 것은 당신에게 자유와 통제의 느낌을 가져다준다. 당신은 이런 느낌이 있어야 생활에 안정감을 느낄 수 있다. 당신은 다른 사람의 동기 부여가 필요치 않는다. 당신은 그저 필요한 일을 할 뿐이다. 마찬가지로 지시가 없지만 어떤 식으로는 부당함을 야기하는 일을 발견하면 당신은 이를 중단시키고 규칙을 자리 잡게 하기 위해 노력할 것이다. 당신은 그런 일을 미루거나 다른 사람들에게 위임하는 일을 어렵게 여기며 이치에 맞지 않는 규칙조차 어기지 않는다.

질문자 (29~44)

당신은 규칙을 개별적으로 바라보며 필요하면 문제를 제기한다.

당신은 어떤 규칙은 필요하다고 생각하지만 어떤 규칙은 '지침'에 불과하다고 본다. 그 기준은 자신의 가치관이나 신념, 당신이 중요하다고 생각하는 것이다. 당신은 특정한 지시나 규칙이 왜 존재하는지 파악하는 것을 좋아한다. 그리고 사실과 데이터 혹은 대화를 통해서 이유를 찾아서 이 규칙이 반드시 당신에게 적용되어야 하는 것인지를 파악한다. 당신이 하는 일은 이치에 맞아야 한다. 일단 논리를 이해하고 나면 당신은 거기에 전념하고 감독이 거의 혹은 전혀 없어도 목표를 달성한다. 하지만 이치에 맞지 않는 일이라고 판단하면 보다 적절한 나름의 내적 지시와 규칙을 개발하고 이것을 정당화할 방법을 찾는다. 당신은 규칙 위반자들을 쉽게 이해하지 못한다. 그들은 왜 규칙이 자신에게 적용되지 않는다고 생각하는지 파악하려 한다. 마찬가지로 전혀 의문을 제기하지 않고 규칙을 지키는 사람들 역시 당신을 화나게 한다.

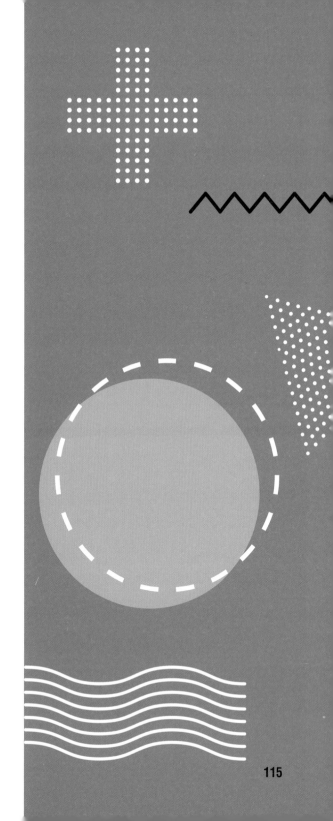

반항아 (45~60)

당신은 종종 반항의 욕구를 느낀다.

자유는 당신에게 매우 중요하다. 당신의 궁극적인 욕망은 당신
이 원하는 것을, 원하는 때에, 원하는 곳에서 할 선택권을 갖고
삶을 살아가는 것이다. 자신을 자유롭게 표현할 수 있는 것이
가장 중요하지만, 그렇다고 당신이 법을 어기고 돌아다니는 사
람이라는 의미는 아니다. 당신이 꿈꾸는 세상에서 당신은 매일
아침 일어나 하고 싶은 것을 정한다. 때로 당신은 자신과 자신
을 위한 일을 하겠다는 스스로와의 약속에도 반항을 한다. 이
치에 닿지 않는다는 것을 알면서도 말이다. 당신에게 가장 중
요한 것은 선택권이다. 나름의 방식과 나름의 속도로 일을 할
수 있다면 당신은 당신을 나머지 사람들과 차별화시키는, 전형
적이지 않은 일을 하면서 잘 지낼 것이고 큰 성공을 거둘 것이
다. 당신은 다른 것을 좋아한다. 당신은 당신의 방식으로 특별
한 존재가 되기를 원한다. 당신이 가장 심하게 반항하는 대상
이 자신일지라도 말이다.

18

나의
공감 유형은?

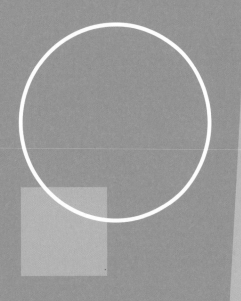

주변 사람들의 생각과 느낌을 예민하게 감지하는 능력을 타고난 것처럼 보이는 사람들이 있다. 누군가 위기를 겪고 있을 때 그들은 어떻게 대응해야 할지 직관적으로 파악한다. 하지만 이런 일이 매우 어렵게 생각되고, 동정심이 많은 사람을 지켜보면서 다른 종족을 관찰하고 있는 듯한 느낌을 받는 사람도 있다. 이 테스트를 통해 자신의 공감 수준을 발견하고 다른 사람에게 보다 더 공감할 수 있는 방법을 찾아보자.

편집자 주 국내에는 초민감자로 알려진 엠패스empath는 이타적인 직업군에 추천되는 성향이다. 이 성향이 높을수록 일 대 다수의 관계에 어려움을 겪어 내향적이라고 평가되기도 한다. 이 테스트는 당신의 직업 성향은 물론이고 가까운 관계에서 당신의 희생적인 태도를 평가하는 데도 도움이 된다. 만약 당신이 엠패스로 평가된다면 당신을 지나치게 소모하고 있지 않은지 돌아볼 필요가 있다.

공감

공감은 다른 사람들, 심지어는 동물의 상황을 알아보고, 연민을 갖고, 동정할 수 있는 능력이다. 즉 다른 생물의 감정을 이해하는 일이다. 대부분의 사람들은 어느 정도 수준의 공감력을 갖고 있지만 유난히 다른 사람보다 공감력이 뛰어난 사람이 있다.

엠패스empath(초민감자)는 주변의 상황에 대한 반응도가 극히 높으며, 대단히 반응도가 높은 신경계를 갖고 있다. 주디스 올로프Judith Orloff는 저서 『나는 초민감자이다An Empath's Survival Guide』에서 초민감자는 주변의 긍정적인 에너지뿐만 아니라 스트레스가 되는 에너지까지 흡수한다고 이야기한다. 그녀는 엠패스를 크게 세 가지 유형으로 나눈다.

① 신체적 엠패스: 이 사람들은 특히 다른 사람들의 신체적 증상을 예민하게 감지하고 자신들의 몸에 흡수한다. 그들은 다른 사람의 행복감에서 에너지를 얻기도 한다.

② 정서적 엠패스: 이 사람들은 다른 사람의 감정을 알아차리고 긍정적 혹은 부정적 감정의 스펀지가 된다.

③ 직관적 엠패스: 이 사람들은 고도의 직관력, 텔레파시를 가지거나 예지몽을 꾸고, 식물 및 동물과의 커뮤니케이션이 가능하며 다른 차원과도 연결될 수 있다.

공감과 엠패스를 더 자세히 알고 싶다면 170쪽의 자료를 참고하세요.

Q1

당신은 많은 사람과 함께 있을 때 활력을 얻는가?

a. 전혀 그렇지 않다.
b. 거의 그렇지 않다.
c. 가끔 그렇다.
d. 꽤 자주 그렇다.
e. 매우 자주 그렇다.

Q2

스트레스를 받을 때 음식이나 음료를 과도하게 탐닉하는가?

a. 전혀 그렇지 않다.
b. 거의 그렇지 않다.
c. 가끔 그렇다.
d. 꽤 자주 그렇다.
e. 매우 자주 그렇다.

Q3

당신은 학교/대학/직장과 잘 맞는다는 느낌을 받는가?

a. 전혀 그렇지 않다.
b. 거의 그렇지 않다.
c. 가끔 그렇다.
d. 꽤 자주 그렇다.
e. 매우 자주 그렇다.

Q4

부정적인 사람과 시간을 보내면 충전을 위해서 혼자만의 시간이 필요하다는 느낌을 받는가?

a. 전혀 그렇지 않다.
b. 거의 그렇지 않다.
c. 가끔 그렇다.
d. 꽤 자주 그렇다.
e. 매우 자주 그렇다.

Q5

당신에게는 지나치게 예민하다는 꼬리표가 얼마나 자주 붙는가?

a. 전혀 그렇지 않다.
b. 거의 그렇지 않다.
c. 가끔 그렇다.
d. 꽤 자주 그렇다.
e. 매우 자주 그렇다.

Q6

자연에서 재충전이 필요한 때가 얼마나 많은가?

a. 전혀 그렇지 않다.
b. 거의 그렇지 않다.
c. 가끔 그렇다.
d. 꽤 자주 그렇다.
e. 매우 자주 그렇다.

Q 7

사람들은 당신을 쉽게 겁을 먹는 사람이라고
표현하는가?

a. 전혀 그렇지 않다.

b. 거의 그렇지 않다.

c. 가끔 그렇다.

d. 꽤 자주 그렇다.

e. 매우 자주 그렇다.

Q 8

요란한 사람들과 함께 있을 때 활력을 얻는가?

a. 전혀 그렇지 않다.

b. 거의 그렇지 않다.

c. 가끔 그렇다.

d. 꽤 자주 그렇다.

e. 매우 자주 그렇다.

Q 9

할 일의 양이 감당할 수 없는 수준이라고
느끼는 때가 잦은가?

a. 전혀 그렇지 않다.

b. 거의 그렇지 않다.

c. 가끔 그렇다.

d. 꽤 자주 그렇다.

e. 매우 자주 그렇다.

Q 10

당황하거나 불안한 느낌을 받는가?

a. 전혀 그렇지 않다.

b. 거의 그렇지 않다.

c. 가끔 그렇다.

d. 꽤 자주 그렇다.

e. 매우 자주 그렇다.

Q 11

다른 사람의 스트레스를 흡수하는 것을 느끼는가?

a. 전혀 그렇지 않다.

b. 거의 그렇지 않다.

c. 가끔 그렇다.

d. 꽤 자주 그렇다.

e. 매우 자주 그렇다.

Q 12

냄새, 알코올, 카페인, 약물, 화학 물질에
강한 반응을 보이는가?

a. 전혀 그렇지 않다.

b. 거의 그렇지 않다.

c. 가끔 그렇다.

d. 꽤 자주 그렇다.

e. 매우 자주 그렇다.

무관심 (12~28)

당신은 공감력이 부족하다.

당신은 다른 사람의 감정을 이해하기가 대단히 힘들며 그들이 왜 그런 식으로 행동하고 반응하는지 알지 못한다. 모든 상황에서 사람들이 과잉 반응하는 것처럼 느껴지고 당신은 이런 것이 짜증스럽다. 감정에서 비롯한 문제라도 당신은 모든 결정을 사실과 논리에 근거해서 내리는 것을 좋아한다. 문제가 있는 사람들을 이해하는 일이 당신에겐 불가능하다. 사람들은 당신이 냉담하거나 무정하다고 생각하지만 그렇지 않다. 당신은 사람들이 겪는 상황을 이해하고 공감하기 위해 그들의 입장이 되는 것을 할 수 없을 뿐이다. 그렇게 하는 것이 이치에 닿을 때는 당신도 깊이 있는 배려를 한다. 당신은 감정을 표현하는 것을 어렵게 생각하며 이 때문에 사람들은 당신의 니즈와 요구를 이해하지 못한다. 공감 점수가 유난히 낮다면 당신을 옳은 방향으로 이끌어줄 수 있는 믿을 만한 사람을 찾아보자. 그들이 대부분의 사람이 보이는 반응을 논리적인 언어로 설명해 줄 수 있을 것이다. 느끼지는 못하더라도 이해하는 것은 가능하다.

균형 (29~44)

당신은 공감에 대해 균형 잡힌 시각을 갖고 있다.

당신은 다른 사람들의 정서를 읽고 그에 따라 반응할 수 있다. 몸짓, 표정, 그 사람이 사용하는 단어와 같은 것을 통해 자신의 경험을 기반으로 상대를 이해하고 그들에게 공감한다. 공감하기 힘든 경우가 자주 있기는 하지만 그것은 그 사람이 어떤 일을 겪고 있는지 이해하지 못하기 때문이다. 그런 상황에서도 행복, 기쁨, 흥분은 물론이고 분노, 슬픔, 두려움, 상처, 죄책감과 같은 주요한 정서는 인식할 수 있다. 그 때문에 당신은 사건이 아닌 정서에 공감할 수 있다. 극단적이지만 않다면 당신은 자신과 다른 사람들의 감정을 다룰 수 있다. 따라서 당신에게는 다른 사람들이 그런 극단적인 감정을 갖는 이유를 이해하는 것이 중요하다. 그래야 그들이 어떤 상황을 겪고 있는지 파악할 수 있을 것이다.

엠패스 (45~60)

당신은 대단히 민감한 사람이다.

당신은 세상이 너무나 자극적이라고 생각할 것이다. TV 뉴스를 보는 것은 감정을 자극하고 괴로움을 준다. 세상의 모든 고통이 당신에게 쏟아지는 듯한 느낌을 받기 때문이다. 사람들은 종종 당신을 "과도하게 예민하다."고 비난한다. 당신같이 '너무나 많은 감정을 느끼고 걱정하는' 것처럼 보이는 사람들에 대한 편견 때문에 오랜 시간 동안 당신은 자신의 공감 능력을 감춰야 한다고 생각했을 수도 있다. 공감력이 크다는 것은 선물이 될 수도 있고 저주가 될 수도 있다. 이것은 당신이 도망칠 수 있는 문제가 아니다. 하지만 자신의 타고난 능력을 수용하면 당신에게 유리하게 작용하도록 할 수 있다. 사람들에게 "No"라고 말해서 부정적인 사람들을 차단하거나, 이런 사람들과 보내는 시간을 줄여서 자신을 보호해야 할 것이다. 이런 기술을 배운다면 삶의 새로운 균형을 찾을 수 있다.

19

가족 관계에서
나의 역할은?

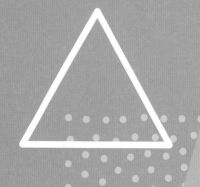

모든 가족에게는 그들만의 역동성이 있고 또 가족 구성원 개개인 역시 좋든 싫든 맡은 역할이 있다. 나이가 들어서 독립하여 자신만의 가족을 구성해도 여전히 어린 시절 가족 관계에서 맡았던 역할을 못 버리고 새로운 가족 안에서 걸맞은 역할로 진화하지 못하는 경우가 있다. 이 재미있는 테스트를 통해서 가족 안에서 당신의 역할이 무엇인지 판단함으로써 당신이 주변에 어떤 영향을 주고 있는지 파악해 보자.

편집자 주 가족 내에서 당신의 의견이 묵살되거나, 매번 문제의 해결을 떠맡는다고 느껴 불만을 가지고 있다면 이 테스트는 중요하다. 당신이 항상 나서야만 하는 이유, 당신의 의견이 반영되지 않는 이유를 이 테스트를 통해 알 수 있다. 가족 안에서 혹은 조직 내에서 당신이 원하는 역할을 하려면 어떤 방향으로 움직여야 하는지를 알려주는 기준이 될 수 있는 유용한 테스트이다.

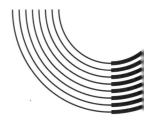

가족에서의 역할

가족은 보호와 사랑을 주고받는 대상이지만 대부분의 사람에게 현실의 가족생활은 갈등이고 문제이다. 성인이 되어서도 어린 시절에 결정된 역할을 여전히 계속하고 있지는 않은가?

각 사회가 가진 원형적 역할은 여러 세기를 거쳐왔다. 어머니, 아버지, 아내, 남편, 딸, 아들. 이런 모든 단어는 듣거나 보자마자 당신이 살고 있는 사회를 기반으로 한 어떤 이미지를 상기시킨다. 사회는 변화했고 가족 구성원의 역할도 진화했지만 가족 구성원에 대한 해석은 아직도 변하지 않았다. 우리가 인식하기도 전에 규정된 가족사, 출생 시의 사회적 기대, 부모들로부터 전해진 이런 정의는 어린 시절부터 우리에게 각인되어 있기 때문이다. 이들 역할 중 일부는 여성보다는 남성들이 우위를 점하는 것처럼 보이지만 어쨌든 이런 성적 정의는 더 이상 우리 사회에 적용되지 않는다. 이런 사회적 원형에서 벗어나는 것은 쉽지 않고 변화에 대한 우리의 이해와 수용에 오랜 시간이 걸릴 수도 있다.

가족 역할을 더 자세히 알고 싶다면 170쪽의 자료를 참고하세요.

사람들은 당신의 어린 시절을 어떻게 묘사할까?

a. 모든 사람을 웃게 했다.

b. 반항적이었다.

c. 분별이 있었고 공부를 열심히 했다.

d. 도움이 되는 사람이었고 친절했다.

Q2

삶이 부정적으로 느껴질 때 당신은 어떤 식으로 기운을 북돋는가?

a. 친구에게 연락을 해서 넋두리를 한다.

b. 자기 관리에 집중한다.

c. 잠깐 일을 멈추고 자신이 얼마나 행운아인지 상기한다.

d. 친구들과 모여 즐거운 시간을 보낸다.

Q3

가족 모임에서 당신은?

a. 여흥을 담당한다. 누군가는 분위기를 띄워야 하니까.

b. 구석에서 가족들의 새로운 소식들을 가지고 수다를 떤다.

c. 주방에서 요리와 정리를 돕는다.

d. 가족 간의 적대 관계가 자리를 망치지 않게 노력한다.

Q4

행복한 가정을 만드는 데 가장 중요한 것이 무엇이라고 생각하는가?

a. 자신의 역할이 무엇인지 아는 것

b. 유머 감각

c. 연민과 친절함

d. 무슨 일이 있어도 서로를 지지하는 것

Q5

친척이 병에 걸려서 병문안을 가야 한다. 당신은 어떻게 할까?

a. 그들에게 필요한 것이 무엇인지 확인해서 가져간다.

b. 방문 약속을 정하고 그들을 웃게 하는 데 집중한다.

c. 병원을 싫어하기 때문에 가지 않을 핑계를 찾는다. 낫고 나면 방문한다.

d. 면회 시간을 알아보고 한 번에 너무 많은 방문객이 오지 않는지 확인한다. 당번표를 만들 수도 있다.

Q6

친구들과 외출했을 때 당신은 어떻게 할까?

a. 모임의 자리를 마련한다.

b. 술에 취해 뭔가를 잃어버린다.

c. 모두가 즐거운 시간을 보내길 바란다.

d. 낯선 사람과 대화를 하고 새로운 친구를 사귄다.

Q7

누군가와 언쟁을 했을 때 보통 당신의 반응은?

a. 잊어버리고 다시 생각지 않는다.

b. 친구에게 전화를 해서 그들에게 하소연한다.

c. 별일 아니라고 생각하고 웃어넘긴다.

d. 어떻게 타협을 하고 해결할지 생각한다.

Q8

가장 어렵게 생각되는 일은?

a. 분위기를 가볍게 하기 위한 농담을 참는 것

b. 부당한 일이 벌어지고 있을 때 모른 척하는 것

c. 거절하는 것

d. 힘들 때 괜찮은 척하는 것

Q9

당신이 선망하는 사람은?

a. 사람들의 주목과 존경을 받는 사람

b. 항상 단정하고 체계가 잡힌 사람

c. 갈등을 다룰 수 있는 사람

d. 행복하고 삶에 만족하는 사람

Q10

사람들이 당신을 어떻게 본다고 생각하는가?

a. 성장이 필요하다.

b. 너무 긴장한다.

c. 지나치게 복종적이다.

d. 삶을 진지하게 생각하지 않는다.

Q11

친구가 최근에 있었던 언쟁에 대해 이야기한다. 당신의 반응은?

a. 친구의 말에 귀를 기울여 지지를 받는다는 느낌이 들도록 한다.

b. 대화 방향을 좀 더 흥미로운 쪽으로 돌린다.

c. 가볍게 다루어서 기운을 돋워준다.

d. 처리 방법에 대해 조언한다.

Q12

학교나 직장에서 당신은?

a. 교사들이 좋아한다.

b. 모든 파티에 초대받는다.

c. 모두가 기대어 위로받고 싶어 하는 사람이다.

d. 항상 지각한다.

Q1 a★,b▲,c■,d✚	Q4 a■,b★,c✚,d▲	Q7 a■,b▲,c★,d✚	Q10 a▲,b■,c✚,d★
Q2 a▲,b■,c✚,d★	Q5 a✚,b★,c▲,d■	Q8 a★,b✚,c■,d▲	Q11 a✚,b▲,c★,d■
Q3 a★,b▲,c■,d✚	Q6 a■,b▲,c✚,d★	Q9 a★,b■,c✚,d▲	Q12 a■,b★,c✚,d▲

충실한 지지자 (■가 많은 경우)

의지할 수 있는 사람

늘 임무를 완수하며 항상 체계가 잡혀 있고, 성공적이고, 분별이 있는 사람. 당신은 행사를 준비하고 사람들을 챙기고 모두가 편안하도록 신경 쓰는 사람이다. 당신은 모든 일에 성실하다. 얼마나 많은 일을 동시에 해내고 있는지는 문제가 되지 않는다. 당신은 책임을 맡아 모든 것이 매끄럽게 진행되도록 한다. 다른 사람을 신뢰하지 못하기 때문에 위임하는 데 어려움을 겪는다. 또 당신에게 도움을 청하지 않는 사람들에게 짜증이 나기도 한다. 한 걸음 물러서서 책임을 좀 덜어 갈 다른 사람이 없을지 생각해 보거나 사람들에게 도움을 줄 수 없는지 물어보라. 완벽함을 추구하지 말고, 관리하려 들지 말고 있는 그대로를 즐겨보도록 하자.

중재자 (✚가 많은 경우)

평화를 지키는 사람

모두가 문제 해결을 위해 당신을 찾아온다. 당신은 늘 사람들을 위해 그 자리에 있는, 모두가 필요할 때 기댈 수 있는 현명한 사람이다. 하지만 당신은 거절하는 것을 어려워하면서도 다른 사람에게 부탁을 받아야 안도감을 느낀다. 이 때문에 후회가 생기고, 또 남을 돌보고 배려하는 천성 때문에 죄책감도 함께 느낀다. 당신은 갈등을 막기 위해 지나치게 애를 쓰기 때문에 지나치게 복종적이거나 비굴한 태도를 보이기도 한다. 끊임없

이 양보를 하면서도 말이다. 상황에서 한 걸음 물러나서 다른 사람들이 자신의 일을 스스로 정리하게 하자. 이렇게 함으로써 사람들이 지나치게 당신에게 매달리는 일이 줄어들고 당신도 자신의 욕구에 더 집중할 수 있게 될 것이다.

졸개 (▲가 많은 경우)

마냥 어린 막내

당신은 항상 늦게 나타나고 모든 책임을 피해 가는 사람이다. 모두가 당신을 철이 덜 든 무책임한 사람으로 여긴다. 당신은 가족과 친구들이 당신을 문제에서 꺼내줄 것이란 생각으로 살아간다. 즉 다른 사람들보다 더 많은 위험을 감수하며 꿈을 좇는다는 의미이다. 그렇지만 모두가 당신을 깔보고 당신이 어떤 것도 할 수 없다고 생각한다는 것에 짜증을 느끼기도 한다. 특히 가족들이 모든 것을 책임지고 돌봐주기 때문에 당신이 노력 끝에 크고 작은 목표를 달성하더라도 그들은 대수롭지 않게 여기거나 다른 사람이 도와주었을 거라고 생각해 버릴 것이다. 가족에게 자주 도움을 청했던 사례를 생각해 보고, 한 명을 선택해 당신에 대한 인식을 바꾸어보자.

어릿광대 (★이 많은 경우)

가족의 재담꾼

어느 가족이나 재담꾼을 한 명씩 가지고 있다. 당신이 바로 그런 사람이다. 항상 사람들의 얼굴에 미소를 불러오기 때문에 모두가 분위기를 가볍게 하는 일은 당신에게 맡긴다. 때로 사람들은 당신이 인생을 충분히 진지하게 생각지 않는다고 평가한다. 모두가 당신에게 행복한 역할을 맡아달라고 하는 것에서 불만을 느낄 수도 있다. 당신에겐 보다 진지한 역할을 맡고 싶은 욕구가 있고, 누군가 당신을 미소 짓게 만드는 일을 고민했으면 하는 바람이 있다. 언제나 낙관적인 태도를 유지하는 데에는 많은 에너지가 필요한 법이니 말이다. 하지만 당신은 자신의 걱정을 다른 사람과 공유하는 경우가 드물고, 기분이 저조할 때는 혼자 끙끙 앓는다. 때로는 한 걸음 물러서서 다른 사람들이 무대의 중심에 서게 하는 것도 필요하다. 이를 통해 당신은 휴식을 가질 수 있고, 당신에 대한 사람들의 기대를 변화시킬 수 있다.

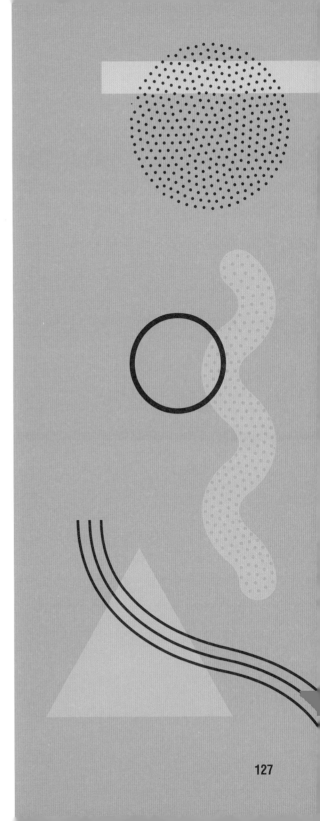

127

20

내 인생을 어떻게 꾸려가야 할까?

인생에서 뭔가 다른 일을, 보다 의미 있는 일을 해야 하는 것은 아닌가 하는 느낌이 든다고 말하는 사람들을 얼마나 자주 만나는가? 많은 사람이 반드시 충족시켜야 하는 인생의 목표가 있다고 느낀다. 이 재미있는 테스트를 통해서 당신의 삶의 목표는 무엇인지, 그것이 당신의 현재 삶과 혹은 당신이 만들어내기 위해 애쓰고 있는 새로운 삶의 방식과 얼마나 잘 맞는지 생각해보자.

편집자 주 스파키타입™ 테스트는 '삶의 목적'에 맞춰진 테스트이다. 한 번뿐인 인생을 무엇을 위해서 살아야 할까 고민하는 사람들에게 추천한다. 10개의 유형은 서로 영향력을 미치는 관계이며 이 책에서는 유형들의 관계를 고려하여 4개의 대표적인 유형으로 나누어 설명하고 있다.

스파키타입Sparketype™

스파키타입 분석은 커뮤니티, 미디어, 교육을 통해 사람들이 더 나은 삶을 영위하도록 가르치는 단체인 굿 라이프 프로젝트Good Life Project에서 개발한 것이다. 사람들이 하고 싶어 하는 일의 본질적 속성을 발견하는 데 도움을 주는 분석 방법이다. 이 분석법은 목적의식과 추진력을 갖고 스스로를 빛낼 수 있는 일을 찾기 위해 고안되었다.

간혹 인생의 초반에 하고 싶은 일을 발견하는 사람도 있지만, 대부분의 사람들은 이런 일을 쉽게 찾기 못한다. 이 분석은 이런 부분에서 유용하다. 이 분석법은 긍정 심리학, 행동 경제학, 사회 과학, 인구 통계학, 철학, 고대의 지혜와 같은 다양한 분야를 기반으로 수천 시간의 연구를 통해 20년에 걸쳐 개발되었다. 이 분석을 통해 당신의 프로필이 무엇인지 알 수 있다.

당신의 1차 스파키타입은 목적의식에 연료를 공급하고, 의미를 되살리고, 자신을 온전히 표현할 수 있으며, 초월적 흐름에 몰입한 상태가 된다는 느낌을 주는 일을 말한다.

당신의 그림자 스파키타입은 당신이 즐길 수 있고 고급 기술을 익힐 수 있는 일의 본질적인 성격을 말하며 1차 스파키타입을 더 자세히 진술하는 것에 가깝다.

10가지 스파키타입은 다음과 같다.

① 제작자: 창조 지향   ② 과학자: 해결 지향   ③ 전문가: 학습 지향

④ 본질주의자: 근본 지향   ⑤ 공연자: 연기 지향   ⑥ 전사: 선도 지향

⑦ 현자: 교수 지향   ⑧ 옹호자: 옹호 지향   ⑨ 조언자: 안내 지향

⑩ 육성가: 돌봄 지향

스파키타입을 더 자세히 알고 싶다면 170쪽의 자료를 참고하세요.

Q1

커리어에 있어서 당신이 가장 두려워하는 것은?

a. 무력감을 느끼는 것

b. 지루한 일에 묶이는 것

c. 일을 잘하지 못하는 것

d. 통제력이 없는 것

Q2

학창 시절에 학교에서 당신이 즐겼던 일은?

a. 새로운 일을 하는 것

b. 팀의 주장이 되는 것

c. 학우들을 지원하는 것

d. 새로운 정보를 배우는 것

Q3

학창 시절에 원하던 직업은?

a. 과학자, 공학자

b. 예술가, 작가, 연예인

c. CEO, 회계사

d. 의사, 간호사, 수의사, 복지사

Q4

가족이나 친구들은 당신을 어떻게 묘사하는가?

a. 배려심이 깊고, 남을 잘 보살핀다.

b. 똑똑하고, 야심이 있다.

c. 창의적이고, 즉흥적이고, 특이하다.

d. 지적이고, 학구적이고, 세심하다.

Q5

정원을 만들고 있다. 정원은 어떤 모습이 될까?

a. 오랜 시간에 걸쳐 만들어간다. 다채로운 색상의 정원이 될 것이다.

b. 전문가를 고용해서 나와 나의 니즈에 적합한 것을 디자인하게 한다.

c. 유지·보수가 쉽고 디자인이 단순한 정원이 될 것이다.

d. 친구와 가족들이 휴식을 취할 수 있는 향기롭고 다채로운 정원이 될 것이다.

Q6

주말에 긴장을 풀기 위해서 하는 일은?

a. 무엇을 할지 계획을 세워두는 것을 좋아한다.

b. 친구나 가족과 편안한 시간을 보낸다.

c. 관심 분야의 책을 읽는다.

d. 그림을 그리거나, 뜨개질을 하거나, 뭔가를 만드는 등 손으로 할 수 있는 일을 한다.

Q7

가장 만족감을 주는 일은?

a. 어려운 사람을 돕는 것

b. 새로운 아이디어의 브레인스토밍

c. 팀워크 구축 활동을 이끄는 것

d. 내가 속해 있는 분야 전문가의 강연에 참여하는 것

Q8

학교로 돌아간다면 어떤 것을 공부하고 싶은가?

a. 리더십 계발

b. 사회 복지, 간호, 교육

c. 창조적인 일

d. 기존 전문 분야의 자격 요건을 업그레이드하는 것

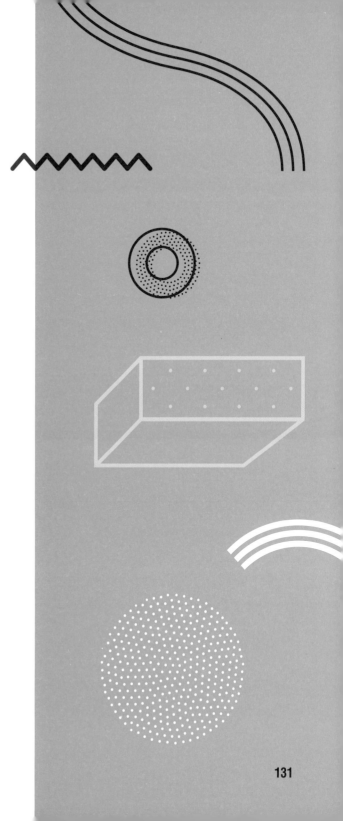

Q9

인생을 되돌아볼 때 이루고 싶은 일은?

a. 사람들의 삶에 진정한 차이를 만드는 일

b. 창의성을 발휘하는 일

c. 지속적으로 배우고 성장하는 일

d. 앞장서서 일을 성사시키는 것

Q10

현재의 역할에서 가장 보람을 느끼는 부분은?

a. 팀을 이끌 수 있다.

b. 사람들의 삶에 진정한 차이를 만든다.

c. 배우는 일을 계속할 수 있다.

d. 창의성의 훌륭한 배출구이다.

Q11

인생의 교훈에 대해 질문을 받는다면 어떤 대답을 하겠는가?

a. 세상의 아름다움을 찾아라.

b. 마음을 열고 배움을 계속하라.

c. 항상 친절하라.

d. 적극적인 사람이 되어라.

Q12

큰돈을 벌게 된다면 당신은 그 돈으로 무엇을 할까?

a. 과학 연구에 투자한다.

b. 내 이름의 자선 재단을 만들어 사회적 약자들을 돕는다.

c. 자기 사업을 한다.

d. 지역의 미술관이나 다른 창조적인 일에 기부한다.

결과: 내 인생을 어떻게 꾸려가야 할까?

Q1 a★,b✚,c■,d▲	Q4 a★,b▲,c✚,d■	Q7 a★,b✚,c▲,d■	Q10 a▲,b★,c■,d✚
Q2 a✚,b▲,c★,d■	Q5 a✚,b■,c▲,d★	Q8 a▲,b★,c✚,d■	Q11 a✚,b■,c★,d▲
Q3 a■,b✚,c▲,d★	Q6 a▲,b★,c■,d✚	Q9 a★,b✚,c■,d▲	Q12 a■,b★,c▲,d✚

전문가 (■가 많은 경우)

당신은 아는 것이 많고 호기심이 많다.

당신은 자기 분야의 전문가이다. 항상 더 많은 것을 배우고 주변 사람들의 지식을 뛰어넘기 위해 노력한다. 당신은 질문하고, 배우고, 더 알기를 원하며, 새로운 발전을 포용하고 이해한다. 당신은 사실과 데이터에 기반한 자기만의 결론을 내는 것을 좋아한다. 신기술에 포함될 이론을 제시하기도 한다. 당신의 기존 역할이 이런 측면을 수용하고 있지 않다면 관심 주제의 전문가가 될 수 있는 방법은 무엇인지, 당신 조직의 전문가가 되기 위해 필요한 다음 단계에 이르려면 어떤 교육을 받아야 할지 알아보라.

육성가 (★이 많은 경우)

당신은 다른 사람들을 돕는 것을 좋아한다.

당신은 배려심이 많고 어려운 사람들을 돕는 것을 좋아한다. 다른 사람을 돌보는 일에 가장 열정적이며 의사, 간호사, 복지사, 수의사, 치료사 등의 다양한 직업을 가질 수 있을 것이다. 사람들이 성장하고, 치유되고, 발전하는 모습을 보는 것이 당신의 내면을 밝혀준다. 당신이 하는 일이 누군가의 삶을 변화시키는 것을 볼 때 가장 큰 흥분을 느낀다. 자선 행사에서 자원봉사를 하거나 멘토 역할을 하는 등 현재의 역할에서 육성가의 천성을 더 활용할 수 있을 방법을 찾아보자. 타고난 육성가의 천성을 포용해 내면의 불꽃을 타오르게 할 수 있는 길을 찾는 것이 좋다.

창조자 (✚가 많은 경우)

당신은 자유로운 영혼을 가진 창조자이다.

당신은 자신의 상상력으로 새롭고 특이한 것을 만드는 것을 좋아하고 독창적인 예술 활동을 위해 노력한다. 당신은 깊이 있는 창조 작업을 추구하고, 당신 작품, 관계, 삶에서 진정한 정통성을 얻기 위해 노력한다. 사회적 제약이나 기대를 짜증스럽게 여기며 여기에서 벗어날 방법을 끊임없이 찾는다. 아직 창의성을 활용하고 있지 않다면 현재의 직업에 창의성을 더하거나, 일 이외의 취미로 자신을 표현할 수 있는 시간을 마련하라.

관리자 (▲가 많은 경우)

당신은 리더가 되고 싶어 한다.

당신은 타고난 리더이며 사람들은 당신이 결단력과 자신감을 갖춘 적극적인 사람이라고 평가한다. 당신은 자신이 원하는 것이 무엇인지 알고 그것을 쟁취하며 인생의 모든 측면에서 선두에 선다. 직장에서는 출세의 사다리를 열심히 오를 것이고, 집에서는 가족과 친구들의 일을 적극적으로 해결해 주는, 의지할 수 있는 사람이 되려 노력할 것이다. 비영리 단체에서든 상업 조직에서든 당신은 일이 돌아가도록 만들 것이고, 모든 사람이 당신과 함께 성공으로 향하는 여정을 따르도록 이끌 것이다. 리더의 자리를 맡거나, 프로젝트나 팀을 지휘하는 일에 자원해서 당신의 리더십 스킬을 키울 방법을 지속해서 찾아보자.

21

내가 선호하는
사랑의 언어는?

친구, 가족, 애인에게 어떤 식으로 애정을 표현하는가? 어떤 식의 애정 표현을 받고 싶은가? 애정의 표현을 주고받는 방식에서 원하는 바가 비슷하리라 생각하지만 실은 그렇지 않다. 이 재미난 테스트를 통해 주고받는 애정 표현에서 선호하는 유형이 어떤 것인지 알아낼 수 있다. 자신이 선호하는 사랑의 언어만 파악할 것이 아니라 다른 사람이 선호하는 사랑의 언어도 파악해서 다른 사람들을 이해하고 당신으로부터 어떤 애정 표현을 받고 싶어 하는지 알아보자.

편집자 주 우리나라에도 번역 출간된 『5가지 사랑의 언어』는 종교와 상관없이 연인과 부부에게 추천되는 책이다. 이 테스트는 배우자나 연인과 함께 푼 다음 서로 바꾸어 보아야 의미가 있다.

5가지 사랑의 언어 Five Love Languages®

5가지 사랑의 언어는 개리 채프먼Gary Chapman이 1992년 발표한 동명의 책에서 언급한 것이다. 이 책에서 그는 정서적 커뮤니케이션 선호 성향을 이해함으로써 관계를 발전시키는 방법을 설명한다.

우리는 저마다 다르게 사랑을 하며 다른 방식으로 사랑을 주고받는다. 서로의 방식을 이해하지 못하면 오해가 생기기 쉬우며 어떤 관계에서든 이 과정에서 긴장이 표출된다. 5가지 사랑의 언어는 다음과 같다.

① 긍정의 말
② 도움 주기(봉사)
③ 선물 받기
④ 좋은 시간
⑤ 스킨십

자신이 선호하는 사랑의 언어를 확인함으로써 당신에게 그것이 어떤 의미이며 사랑하는 사람과 보다 충만하고 친밀한 관계를 맺는 방법이 무엇인지 파악할 수 있다. 개인의 선호를 이해하는 것은 친구이든 애인이든 가족이든 모든 인간관계에서의 갈등을 극복하고, 커뮤니케이션의 질을 높여 친밀한 관계를 발전시키는 데 도움이 된다.

5가지 사랑의 언어를 더 자세히 알고 싶다면 170쪽의 자료를 참고하세요.

Q1

어느 때 만족감을 느끼는가?

a. 애인과 포옹할 때

b. 사랑하는 사람이 나에게 보고 싶다고 말할 때

c. 사랑하는 사람이 나의 일을 도와줄 때

d. 사랑하는 사람으로부터 깜짝 선물을 받을 때

e. 사랑하는 사람과 단둘이 시간을 보낼 때

Q2

당신은 사랑하는 사람에게 어떻게 애정을 표현할까?

a. 단둘이 있을 때 상대에게 집중한다.

b. 특별한 선물을 준다.

c. 다른 사람 앞에서 상대를 두둔한다.

d. 육체적으로 애정을 표현한다.

e. 함께하는 즐거운 활동을 계획한다.

Q3

사랑하는 사람에게 상처를 받을 때는?

a. 중요한 기념일에 사려 깊은 선물을 하는 것을 잊는다.

b. 필요할 때 도움을 주지 않는다.

c. 함께 있을 때 둘만의 시간에 집중하지 않고 다른 생각을 한다.

d. 나를 비난한다.

e. 오랜만에 만났으나 안아주지 않는다.

Q4

사랑하는 사람이 어떻게 했을 때 가장 사랑받고 있다고 느끼는가?

a. 내가 할 일을 도와줄 때

b. 내가 자신에게 얼마나 중요한 사람인지 이야기해 줄 때

c. 시간을 내서 나의 말에 귀 기울여주고 나를 이해해 줄 때

d. 감싸 안아줄 때

e. 특별한 선물을 사줄 때.

Q5

스트레스를 받았거나 기분이 저조할 때 사랑하는 사람이 이렇게 해주면 나아진다.

a. 나와 의미 있는 시간을 보낸다.

b. 안아준다.

c. 재미있는 사진을 보내준다.

d. 나를 편안하게 해주는 유용한 일을 한다.

e. 기운을 북돋는 말을 해준다.

Q6

누군가와 진정한 유대감을 느낄 때는?

a. 손을 잡아줄 때

b. 같은 활동을 함께할 때

c. 나의 루틴에 맞추어 어떤 일을 할 때

d. 정말 사려 깊은 선물을 줄 때

e. 의미 있는 말을 해줄 때

Q7

당신에게 가장 의미 있게 느껴지는 일은?

a. 다른 일을 하더라도 사랑하는 사람 옆에 있어주는 것

b. 내가 좋아하는 음식을 사주는 것

c. 사랑한다고 문자를 해주는 것

d. 공개적으로 신체적인 애정 표현을 하는 것

e. 아무런 이유 없이 귀찮은 일을 해주는 것

Q8

사랑하는 사람에게 가장 감사를 느낄 때는?

a. 즐기는 일이 아닌데도 나를 위해 뭔가 해줄 때

b. 진심 어린 칭찬을 해줄 때

c. 나에게 시간을 할애할 때

d. 마사지를 해줄 때

e. 점심을 사주겠다고 할 때

Q9

바람직한 장래의 배우자는?

a. 좋은 직업을 가진 성공한 사람

b. 일에 유연성이 있어서 나와 시간을 보낼 수 있는 사람

c. 좋은 대화 상대가 될 수 있는 사람

d. 친절하고 배려심이 강한 사람

e. 나와 가까이 있기를 원하는 사람

Q10

배우자나 애인의 가장 좋아하는 부분은?

a. 목소리

b. 손

c. 야심

d. 마음

e. 시간

Q11

**친한 친구가 새집으로 이사를 한다. 당신은
그 친구를 어떻게 도와줄까?**

a. 짐을 싸고 옮기는 것을 돕는다.

b. 전화를 해서 대화를 하고 정신적인 지원을 한다.

c. 친구가 정말로 원하는 아름다운 집들이 선물을 사준다.

d. 이사한 첫날 밤에 친구가 외롭지 않게 함께 있어준다.

e. 이사 전날 함께 영화를 보고 그곳에서 가졌던 즐거운 시간을 추억한다.

Q12

**바쁜 일과를 마친 뒤, 사랑하는 사람이 당신을 위해
어떻게 해주면 좋을까?**

a. 내가 이야기하는 하루의 일을 들어주고 나를 얼마나 높이 평가하는지 이야기해 준다.

b. 마사지를 해준다.

c. 저녁을 준비해 준다.

d. 꽃을 사준다.

e. 배달 음식을 주문하고 함께 볼 수 있도록 내가 좋아하는 영화를 준비한다.

긍정의 말 (■가 많은 경우)

당신을 인정하는 격려의 말.

당신은 사랑하는 사람으로부터 말이나 긍정적인 메시지 형태로 칭찬이나 격려를 받는 것을 좋아한다. 이것은 당신이 애정을 표현하는 방법이기도 하다. 기운을 북돋우고, 이야기를 나누고, 당신에게 그들이 얼마나 큰 의미인지, 그들을 얼마나 높이 평가하는지 이야기하는 식으로 말이다. 당신은 상대의 욕구에 귀를 기울이고, 그들이 당신의 욕구에 귀를 기울이고 있다는 것을 앎으로써 그 애정 관계에서 당신들이 어울리는 한 쌍이라고 인식한다. 오랜 연인 관계이든 가까운 친구 관계에서든 마찬가지이다. 그렇지만 당신은 부정적인 비판을 감정적으로 받아들이는 경향이 있다. 따라서 이런 상황에 대응하는 방법에 대해서 생각해 두어야 한다.

선물 (✚가 많은 경우)

마음이 담긴 선물 주고받기.

당신은 선물 세례를 무척 좋아한다. 초콜릿처럼 간단한 것에서부터 근사한 식사 초대까지 말이다. 당신은 누군가 이런 식으로 애정을 표현하는 것을 좋아하고 당신 역시 사람들에게 다른 특별한 이유 없이 그저 당신이 상대를 생각하고 있다는 것을 보여주기 위해 꽃다발을 보내는 등 선물을 주는 것을 좋아한다. 이렇게 화려하게 보여주는 것을 좋아하지 않고 그것을 과시로 생각하는 사람도 있을 것이다. 당신에게 선물은 진정한 마음에서 나오는, 당신의 배려를 보여주는 행동인 데도 말이다. 사람들의 반응에 주목하라. 그런 식의 표현을 불편하게 느끼는 사람도 있을 테니까. 그런 경우에는 손 편지와 함께 좀 더 작은 선물을 전달해 보라. 상대가 선호하는 사랑의 언어는 당신과 다를 수 있으니 당신의 언어를 상대에 맞춰보자.

스킨십 (▲가 많은 경우)

몸짓의 언어.

당신의 마음을 밝히는 것은 간단한 스킨십이다. 포옹, 손잡기, 뺨을 만지는 것. 남녀 간의 애정이든 우정이든 이런 것들에서 상대가 당신을 진심으로 사랑하고 있음을 느낀다. 마찬가지로 상대가 나를 필요로 할 때라면 당신은 그들에게 다가가서 그들을 안아준다. 고통을 받는 사람을 보면 당신은 참을 수가 없다. 당신의 기본적인 반응이 손을 잡거나, 꼭 안아주면서 그들을 위로하는 것이기 때문이다. 상대의 사랑의 언어를 확실히 알지 못한다면 안아주는 것이 괜찮은지 혹은 다른 방식의 위로를 원하는지 물어보자. 이런 식으로 그들의 한계를 존중하고 그들의 사랑의 언어를 이해할 수 있다.

친절과 도움 (★이 많은 경우)

배려하는 마음을 담은 친절한 행동.

묻지 않고 어떤 일을 해줄 때 당신은 가슴이 따뜻해진다. 당신은 애인이나 친구에게서 그런 친절함을 기대한다. 당신이 가장 매력을 느끼는 특성은 이타적이고, 따로 요구가 없어도 상대에게 친절을 베푸는 품성이다. 이런 품성을 가진 당신은 사랑에 잘 빠진다. 또 남을 돕는 것을 좋아한다. 상대의 부담을 덜어주는 일을 한다는 것은 당신의 마음을 기쁨으로 채워준다. 이런 친절을 오지랖으로 오해하는 사람도 있다. 따라서 묻지 않고 실행에 나서지 말고 상대의 선호를 확인하도록 하자.

함께하는 시간 (∗가 많은 경우)

사랑하는 사람과 의미 있는 시간을 보내는 것.

자신의 시간을 당신에게 바치는 사람이 당신의 눈에는 보석처럼 보인다. 꼭 같은 행동을 해야 하는 것은 아니다. 물론 그렇게 하면 더 좋겠지만 말이다. 하지만 같은 공간에 있고 서로가 거기에 있다는 것을 앎으로써 당신은 진정으로 사랑받는다고 느낀다. 당신이 애정을 표현할 때도 비슷한 방식을 취한다. 주변 사람들과 함께하는 데 당신의 시간을 할애하는 것이다. 조용히 앉아 있거나 차를 마시며 대화를 나누는 정도의 일을 하더라도 말이다. 당신은 삶의 작은 것들을 사랑하며 당신에게는 사랑하는 사람과 보내는 시간이 무엇보다 중요하다. 상대의 생각도 같은지 확인해 보라. 상대가 원하지 않을 때 당신과의 시간을 강요함으로써 미움을 사지 않도록 하자.

22

성격으로 보는 나의 별자리는?

점성술에 대해서는 잘 알고 있을 것이다. 많은 사람이 별점을 통해서 삶에서 어떤 일이 일어날지 알아보곤 한다. 별점을 읽고 자신을 그대로 반영한다고 느끼는 사람이 있는가 하면, 전혀 자신과 다르다고 느끼고 그 때문에 점성술을 신뢰하지 않게 되는 사람도 있다. 이 테스트를 통해 생일이 아닌 개인의 선호를 기반으로 분석한 별자리 성격을 알아보자.

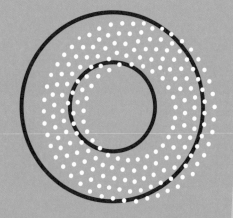

편집자 주 이 테스트는 각 별자리의 성향을 바탕으로 재조합한 것으로 생년월일로 따지는 별자리와는 차이가 있다. 당신이 원래 아는 별자리와 다르다면 그 별자리의 특성과 함께 결과지에 나온 성향이 더해져 있다고 생각하면 된다. 천칭자리이지만 전갈자리의 성향을 가지고 있다거나, 양자리이지만 염소자리의 성향이 더 많다거나 하는 식으로 타고난 별자리와 함께 보면 더 풍부한 해석을 즐길 수 있다.

점성술 성격

점성술은 기원전 700년 신바빌로니아 시대부터 존재했다. 지금 우리가 알고 있는 황도 십이궁도를 처음으로 사용한 것이 이 시기이다. 사람과 성격을 분류한 또 하나의 사례이다. 이 경우에는 출생일, 시간, 장소에 따른 분류가 이루어졌다.

수세기에 걸쳐 흥망성쇠를 거듭했지만 지금은 전 세계의 많은 사람이 점성술을 받아들이고 있다. 많은 사람들이 자신의 별자리를 알고 있으며 섹시한 전갈자리, 공정하고 신중한 염소자리, 바람둥이 쌍둥이자리 등 각 별자리의 성격 정보도 알고 있다. 이를 바탕으로 무의식적으로 상대의 성격을 짐작하기도 한다. 하지만 성격이 별자리만큼이나 달의 자리와 성위星位(천구天球에서 항성恒星이 위치하는 자리)로부터도 큰 영향을 받는다는 것을 아는 사람은 많지 않다. 예를 들어 달의 자리가 염소인 쌍둥이자리는 꽤나 신중할 수 있다.

점성술을 더 자세히 알고 싶다면 170쪽의 자료를 참고하세요.

당신을 가장 잘 묘사하는 말은?

a. 리더

b. 신중한, 침착한

c. 헌신적

d. 지적

e. 현실적

f. 강한

g. 열정적

h. 창조적

i. 호기심 강한

j. 체계적

k. 모험심이 강한

l. 다른

Q2

당신의 실제 별자리는?

a. 물고기

b. 물병자리

c. 양자리

d. 게자리

e. 천칭자리

f. 염소자리

g. 황소자리

h. 사자자리

i. 전갈자리

j. 처녀자리

k. 사수자리

l. 쌍둥이자리

Q3

당신은 어떤 의사소통 방식을 선호하는가?

a. 나는 예측하기가 힘든 사람이다. 한 순간은 사랑스럽다가도 다음 순간에는 파괴적이 된다.

b. 나는 따뜻하고 마음을 끄는 사람이지만, 객관적인 태도를 유지한다.

c. 나는 명료하며, 사실과 자료를 바탕으로 깊이 생각하고 말을 한다.

d. 나는 쾌활하며 사람들에게 지원을 아끼지 않는다.

e. 나는 열정적이며 강렬한 대화를 좋아한다.

f. 나는 이해심이 많은 달변가이다.

g. 나는 관심 있는 주제에 대해 깊이 있게 이야기하는 것을 좋아한다.

h. 나는 훌륭하고 강력한 커뮤니케이터이다.

i. 나는 남의 말을 잘 들어준다.

j. 나는 아이디어가 너무 많아서 한 번에 여러 가지를 이야기한다.

k. 나는 말수가 적으며 이야기를 하기 전 심사숙고한다.

l. 나는 있는 그대로를 솔직하게 이야기를 한다.

Q4

당신의 리더십 스타일은?

a. 특이하고 독특함

b. 안정적이고 신뢰할 수 있음

c. 호기심 많고 영향력 있음

d. 배려가 있고 성장을 도움

e. 대담한 전략가

f. 체계적이고 단호함

g. 조화롭고 외교적임

h. 야심차고 위엄 있음

i. 매력적이고 솔직함

j. 참을성과 절제력이 있으며 야심이 큼

k. 지적인 이단아

l. 행복, 지혜, 놀라움

Q5

당신이 꿈꾸는 직업은?

a. 인권 변호사

b. 음악가

c. 과학자

d. 라이프스타일 코치

e. 의사 또는 간호사

f. 작가

g. 진로 상담사

h. CEO 또는 스포츠 팀 주장

i. 교사

j. 심리학자

k. 라디오 DJ

l. 외교관

Q6

당신이 이상적으로 생각하는 주말 휴가는?

a. 잘 기획된 박물관 및 전시회 방문

b. 활동적인 휴가

c. 열대 해변에서의 휴식

d. 자원 봉사 활동

e. 살아 있다는 느낌을 주는 익스트림 스포츠

f. 집 근처의 고급 호텔

g. 활기찬 유럽 도시에서 미술 전시회를 본 뒤 식사를 하는 것

h. 등산

i. 호화로운 극장의 가장 좋은 자리에서 최신 공연 관람

j. 새로운 도시를 탐험할 수 있는 깜짝 여행

k. 친구, 가족, 좋은 책이 함께 하는 아늑한 집에서의 휴가

l. 누군가와 함께할 수만 있다면 뭐든지 좋다

Q7

자신을 설명한다면?

a. 대담하고, 권위적이며, 능력 있는

b. 특이하고, 감성적, 사교적

c. 낙천적, 극단적, 밝음

d. 문제 해결형, 개방적, 창의적

e. 상냥하고, 차분하며, 결단력 있는

f. 야심차고, 열정적이며, 지적인

g. 이상주의적이고, 단호하며, 완고한

h. 호기심 많고, 경쟁적이며, 변덕스런

i. 다혈질, 활기차고, 현명한

j. 비밀스럽고, 관대하고, 정직한

k. 너그럽고, 우유부단하며, 따지기를 좋아하는

l. 체계적이고, 단정하며, 인생을 열심히 사는

Q8

당신이 좋아하는 날씨는?

a. 짙은 밤안개

b. 습하고 더운

c. 눈

d. 덥고 건조한

e. 바람이 부는

f. 천둥, 번개

g. 태양이 빛나고 소나기가 오는, 너무 덥지도 춥지도 않은

h. 상쾌한 봄비

i. 밝은 햇살과 맑은 하늘

j. 서리가 내린 청명한

k. 쌀쌀한

l. 흐린 하늘과 엷은 안개

Q9

당신이 가장 좋아하는 음식은?

a. 치즈

b. 핫도그

c. 타코

d. 매콤한 감자칩

e. 스파게티

f. 굴

g. 만두

h. 라면

i. 버거

j. 맥 앤 치즈

k. 치킨 윙

l. 피자

Q10

당신이 가장 좋아하는 달은?

a. 1월

b. 2월

c. 3월

d. 4월

e. 5월

f. 6월

g. 7월

h. 8월

i. 9월

j. 10월

k. 11월

l. 12월

Q11

당신이 가장 좋아하는 색상은?

a. 진한 빨강

b. 오렌지

c. 연한 파스텔 색상

d. 감청색, 남색, 회색

e. 파랑, 흰색, 터키색

f. 선명한 파랑

g. 연한 라일락, 연자주, 연보라, 연노랑, 연한 복숭아색

h. 분홍과 흰색

i. 진한 보라, 암녹색, 적갈색, 빨강

j. 녹색

k. 노랑과 금색

l. 검정, 감청색, 보라, (보는 각도에 따라 색이 달라지는) 무지갯빛

Q12

당신이 가장 좋아하는 활동은?

a. 수영

b. 팀 통솔

c. 자선 달리기, 걷기, 사이클 그룹 훈련

d. 고강도 인터벌 훈련

e. 달리기

f. 맨몸 운동/근력 운동

g. 복근 운동

h. 줌바나 댄스

i. 요가

j. 필라테스

k. 야외 극기 훈련

l. 경쟁적인 활동

물병자리 (■가 많은 경우)

당신은 특이하다.

당신은 때로 별나다는 이야기를 듣는다. 당신은 세상에 대한 나름의 시각이 있는 사람이 되기를 원한다. 그렇지만 이것이 당신이 혼자 있기를 좋아한다는 뜻은 아니다. 그것과는 거리가 멀다. 당신은 생각을 자극하는 대화 주제와 유머 감각으로 사람들을 끌어들이는 팀 플레이어이다. 당신은 진보를 이루고 세상의 불의에 맞서는 일에 열정적이다. 임무를 맡으면 반드시 해낸다.

물고기자리 (▲가 많은 경우)

당신은 감성적이고 상상력이 풍부하다.

항상 현실에서 벗어나려는 면도 있지만, 당신 주위에서 일어나는 모든 일에 휘말리기도 한다. 당신은 신비롭고 강렬하며, 거기에 일치하는 감정과 감수성을 가지고 있다. 스트레스를 받을 때면 다시 자신을 중심에 두기 위해 혼자 시간을 보내거나 영적 평온의 장소를 찾아야 한다. 당신은 어려운 사람들을 돕는 것을 좋아하며 그런 사람들에게 강한 연민을 느낀다. 글, 시, 음악, 영화, 춤을 통해 당신의 창의력을 발휘해 보자.

황소자리 (★이 많은 경우)

당신은 믿음직하고 신뢰가 가는 사람이다.

당신은 편안함을 추구하며 주변 사람들 역시 편안하게 만들어주기를 원한다. 당신은 노력가이지만, 휴식을 취할 때는 아름다운 것, 훌륭한 음식 그리고 음료로 채워진 스타일리시하고 화려한 분위기를 선호한다. 때로는 완고하며, 매우 충성스럽고 믿음직스럽기도 한다. 하지만 안전지대에서 벗어나지 않고 새로운 것을 시도하려 하지 않는 면도 있다. 어느 정도의 위험을 감수하는 것이 좋다는 점을 기억하라. 크게 무리할 필요가 없는 작은 위험들을 감수하는 훈련을 해보는 것이 좋다.

쌍둥이자리 (✢이 많은 경우)

당신은 호기심이 많고 발랄하다.

당신은 재치가 있으며 새로운 상황에 빨리 적응한다. 호기심이 끊이지 않으며 한 번에 한 가지 일에 집중하는 것을 어렵게 느낀다. 관심사와 마찬가지로 감정과 기분도 빠르게 변하기 때문에 당신을 잘 모르는 사람들은 이러한 갑작스러운 기분 변화를 충격적으로 받아들일 수 있다. 일기에 당신의 감정과 생각을 적으면서 여러분의 머릿속에서 떠올랐다 사라지는 모든 정보를 종이에 기록해 보라.

게자리 (✱가 많은 경우)

당신은 감성적이고 예민하다.

지원과 조언이 필요할 때 사람들이 의지하는 사람이다. 육성가인 자신은 포옹, 커피 한 잔과 케이크, 조언, 귀 기울여 얘기 들어주기 등, 사람들이 무엇을 원하는지 잘 알고 주위의 사람들을 돕기 위해 기꺼이 그들에게 맞추어 적응하고 변화한다. 때때로 약간의 집착이 있을 수 있으니, 특히 스트레스를 받을 때는 다른 사람들과의 관계에서 이 점을 조심하자.

사자자리 (♥가 많은 경우)

당신은 강하고 자기중심적이다.

당신은 모든 것에서 일등이 되기를 바란다. 당신이 가장 두려워하는 것은 중요치 않은 존재가 되는 것이다. 사람들은 당신을 쉽게 오해하고 당신이 마음이 넓고 믿을 수 없을 정도로 관대한 사람이란 것을 깨닫지 못한다. 당신은 많은 칭찬과 감사를 필요로 한다. 이 때문에 사람들은 당신을 자기중심적이라고 생각한다. 하지만 당신은 그저 사랑과 감사를 좋아할 뿐이다. 때로는 겸손한 태도를 가지고 다른 사람들에게 무대의 중앙을 차지할 기회를 주어야 한다는 것을 기억하자.

처녀자리 (✱가 많은 경우)

당신은 우아하고, 체계적이며, 친절하다.

당신은 항상 모든 것을 분석해서 의견을 내고 판단을 내린다. 겉으로는 다정하고 순진해 보이지만 당신의 빠른 두뇌는 세세한 부분도 놓치지 않는다. 완벽주의적인 성향 때문에 도움을 요청하고 도움을 받는 일을 어렵게 생각한다. 조금만 긴장을 풀어보라. 항상 완벽해야 하는 것은 아니다. 자연 속에서 시간을 보내거나 재미있는 프로젝트에 참여해 봄으로써 긴장을 푸는 법을 배우자.

천칭자리 (♠가 많은 경우)

당신은 균형 잡힌 실용적인 사람이다.

당신은 삶에 대해 균형 잡힌 시각을 가지고 있고 공정하지 못한 것은 참지 못한다. 때문에 세상의 불의에 맞서곤 한다. 당신은 자신이 원하는 속도로 살기를 원한다. 이것은 당신이 시간 가는 줄도 모르고 긴 논쟁에 휘말릴 수 있으며 일상의 책임을 다하는 것을 잊을 수도 있다는 의미이다. 이 때문에 다른 사람들이 불만을 가질 수 있다. 좀 더 체계적인 생활 방식을 가진다면 당신이 사랑하는 일들을 할 수 있는 더 많은 시간을 얻게 될 것이다.

전갈자리 (+가 많은 경우)

당신은 열정적이고 독립적이다.

전갈자리 사람은 활동적인 원칙주의자이며 진실하지 않은 사람을 싫어하는 것으로 알려져 있다. 당신은 책을 읽는 것처럼 다른 사람들의 에너지를 파악할 수 있다. 분위기와 세부적인 사항을 볼 수 있는 것이다. 대부분의 사람들은 당신의 이런 면을 약간 위협적으로 느낀다. 하지만 일단 당신을 알게 되면 당신이 엄청나게 충실한 사람임을 깨닫는다. 조금 더 마음을 열어 사람들을 받아들이고 사람들과 관계를 맺어보자.

사수자리 (♣가 많은 경우)

당신은 의지가 강하며 모험을 즐긴다.

당신은 개방적이고, 낙천적이며, 야심이 있는 자유로운 영혼이다. 새로운 모험을 좋아하며 많은 프로젝트, 취미, 친구를 통해서 신나고 흥분되는 일을 찾는다. 너무 많은 일을 진행 중이기 때문에 프로젝트를 완성하는 경우가 드물다. 시간을 할애해 최소한 하나의 프로젝트라도 완성함으로써 약속을 지켜보자.

염소자리 (❖가 많은 경우)

당신은 현실적인 노력파이다.

당신은 매우 헌신적이며 믿을 수 있는 사람이다. 전통을 지키고 규칙을 따르는 '애늙은이'로 불리기도 한다. 작은 일까지 모두 완벽하게 해내기 위해 애쓰지 말고 즐기는 시간을 좀 가져도 괜찮다. 휴식을 가지고 당신의 현실적인 유머 감각을 친구들과 공유하면서 긴장을 풀어보자. 그리고 당신이 힘겨운 시간을 보내고 있을 때면 친구들이 당신을 지원할 여지를 남겨야 한다는 것도 잊지 말자.

양자리 (✿가 많은 경우)

당신은 상상할 수 있는 모든 것을 이루어낸다.

당신은 타고난 리더이며 당신의 에너지와 자신감으로 주위의 모든 사람에게 영감을 준다. 하지만 일이 당신의 방식으로 진행되지 않으면 조바심을 내고 권위적인 사람이 될 수 있다. 당신의 탐구나 모험에는 당신을 따르는 충실한 친구들이 함께한다. 때로는 그들에게 리더의 역할을 맡겨보자. 처음에는 어색하게 느껴지겠지만 미래의 모험에서 성공을 거둘 새로운 방법을 떠올릴 수 있을 것이다.

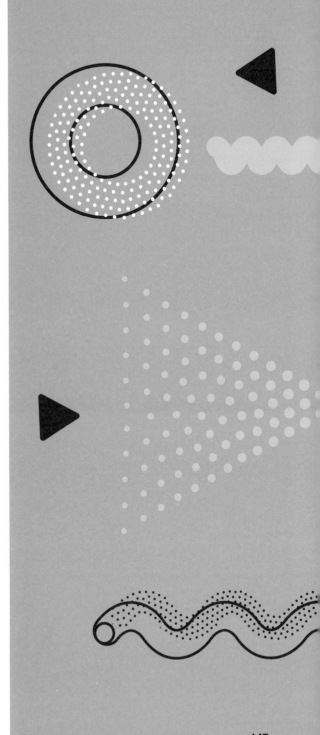

23

원형 테스트

나의 핵심
원형은?

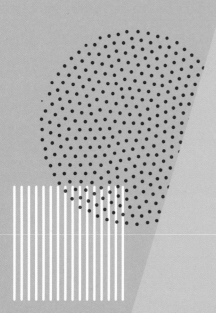

인간의 성격에 대한 융의 이론에 따르면 모든 인간을 규정하는 12가지 원형(原型)이 있다고 한다. 우리가 오늘날 이용하는 현대 성격 유형 테스트의 대부분은 융의 연구에 바탕을 두고 있다. 이 테스트를 통해 당신의 성격을 규정하는 우세한 원형이 무엇인지 찾고, 다른 점수를 검토해 봄으로써 어떤 다른 원형이 당신의 성격에 영향을 주는지 알아볼 수 있다.

12가지 핵심 원형

심리학자 카를 구스타브 융Carl Gustav Jung은 인간 정신에 대한 그의 이론에서 원형의 개념을 이용했다. 그는 보편적인 신화의 성격 원형이 전 세계 사람들의 집단 무의식 속에 존재한다고 생각했다. 원형들은 진화하는 동안의 경험에 대한 인간의 근본적인 생각을 나타낸다.

융은 인간의 근본적 동기를 상징하는 12가지 주요 유형을 규정했다. 12가지 유형은 자아, 영혼, 자기의 세 가지 세트로 나뉘고, 각 세트는 다시 공통적인 의도를 가진 4가지 유형으로 나뉜다. 예를 들어 자아 유형에 속한 순수한 사람, 평범한 사람, 영웅, 육성가는 자아를 정의하는 항목들을 충족하는 것을 지향한다.

특이한 경우가 아니라면 성격 형성에는 여러 개의 원형이 영향을 끼친다. 그러나 한 개의 원형이 지배하는 경우가 많다.

자신이나 다른 사람, 특히 애인, 가족, 친구, 동료의 내부에서 지배적 원형이 무엇인지 파악한다면 행동과 동기에 대한 통찰력을 얻을 수 있다. 12가지 원형은 다음과 같다.

① 자아 유형: 순수한 사람, 평범한 사람, 영웅, 육성가
② 영혼 유형: 탐험가, 반항아, 연인, 창조자
③ 자기 유형: 어릿광대, 현자, 마법사, 지배자

융의 원형 이론을 더 자세히 알고 싶다면 170쪽의 자료를 참고하세요.

Q1

이야기 속 주인공이 된다면 맡고 싶은 역할은?

a. 요정이나 난쟁이

b. 왕이나 여왕

c. 현자

d. 모험가

e. 기사

f. 예술가

g. 재담꾼

h. 이단아

i. 목수

j. 마녀

k. 세이렌siren★

l. 마법사

Q2

당신이 가장 좋아하는 동물은?

a. 사자

b. 고양이

c. 공작

d. 원숭이

e. 비둘기

f. 백조

g. 올빼미

h. 까마귀

i. 돌고래

j. 개

k. 늑대

l. 까치

Q3

당신이 가장 좋아하는 책의 장르는?

a. 로맨스 소설

b. 동화

c. 정치인이나 기타 리더의 전기

d. 스포츠 스타의 전기

e. 새로운 과학 이론에 관한 논픽션

f. 예술에 관한 책

g. 반체제적 주제

h. 인기 있는 픽션

i. 여행기

j. 재미있는 이야기

k. 발명에 관한 역사서

l. 요리책

Q4

당신이 갖고 싶은 직업은?

a. 소방관이나 경찰관

b. 정치인

c. 코미디언

d. 아로마 테라피스트

e. 간호사 혹은 복지사

f. 작가

g. 예술가

h. 활동가

i. 지역 공동체 활동가, 온라인 카페 운영자

j. 대학교수

k. 과학자

l. 여행 작가

★ 상반신은 여자, 하반신은 새의 모습을 하고 아름다운 노랫소리로 선원들을 유혹하여 바다에 빠뜨렸다는 그리스 신화 속의 존재. 이후 많은 이야기에서 암초에 앉아 아름다운 노래를 부르는 인어의 모습으로 묘사되기도 했다. 경보를 의미하는 사이렌은 여기서 비롯된 것이다.

Q5

당신이 가장 좋아하는 일은?

a. 아끼는 사람들을 보호하는 것
b. 불가능한 일을 하는 것
c. 불의에 맞서는 것
d. 커뮤니티의 일원이 되는 것
e. 사람들을 웃게 하는 것
f. 로맨틱한 데이트를 하는 것
g. 노래하고 춤추는 것
h. 새로운 것을 배우는 것
i. 모험을 떠나는 것
j. 다른 사람을 돌보는 것
k. 무리를 이끄는 것
l. 가치 있는 것을 만드는 것

Q6

당신의 최대 약점은?

a. 완벽주의
b. 권위적인 것
c. 비굴하고 복종적인 것
d. 부적응
e. 지나치게 감상적인 것
f. 생각이 지나치게 많은 것
g. 사람을 지나치게 믿는 것
h. 미성숙
i. 의견을 자신 있게 내놓지 못하는 것
j. 화가 많은 것
k. 영악한 것
l. 오만한 것

Q7

당신이 가장 중요하게 생각하는 것은?

a. 발견을 할 수 있는 자유
b. 탐구 능력
c. 지식
d. 친밀감
e. 믿음
f. 우정
g. 공감
h. 힘
i. 압제로부터의 자유
j. 사람들에게 자율권을 주는 것
k. 표현
l. 웃음과 미소

Q8

친구들은 당신을 어떻게 묘사하는가?

a. 책임감이 강한
b. 창의적인
c. 모험심이 강한
d. 동정심이 많은
e. 낙천적인
f. 현명한
g. 열정적인
h. 재미있는
i. 진실한
j. 자유로운 영혼
k. 문제 해결자
l. 용감한

Q9

쉬는 날은 어떻게 보내는 것을 좋아하는가?

a. 친구들과 시간을 보낸다.

b. 가족과 시간을 보낸다.

c. 배우자나 애인과 시간을 보낸다.

d. 새로운 언어를 배운다.

e. 새로운 기술을 배운다.

f. 공상 과학 소설을 읽는다.

g. 모험을 즐긴다.

h. 열정을 가진 시위에 참여한다.

i. 새로운 아이디어를 실험한다.

j. 자선 행사를 연다.

k. 생산적인 일을 한다.

l. 새로운 것을 만든다.

Q10

당신이 가장 두려워하는 것은?

a. 약하게 보이는 것

b. 무력한 것

c. 따돌림당하는 것

d. 지루한 삶을 사는 것

e. 사랑받지 못하는 것

f. 곤란에 처하는 것

g. 어리석게 보이는 것

h. 사회적 틀에 갇히는 것

i. 이기적인 사람이 되는 것

j. 무질서한 것

k. 평범한 존재가 되는 것

l. 돌발 상황

Q11

당신에게 의미 있는 것은?

a. 사랑받는다고 느끼는 것

b. 다른 사람과의 협력

c. 세상을 미소 짓게 만드는 것

d. 다른 사람이 필요로 하는 것을 얻도록 하는 것

e. 혼란에서 아름다움을 만들어내는 것

f. 본보기가 되어서 선도하는 것

g. 진실을 찾는 것

h. 정신적으로 연결되어 있다고 느끼는 것

i. 세상에 자신의 흔적을 남기는 것

j. 자유를 포용하는 것

k. 꿈꾸는 것

l. 다른 사람들에게 영감을 주는 것

Q12

당신은 어떤 식으로 일을 처리하는 것을 좋아하는가?

a. 강해짐으로써

b. 계획을 마음속에 그려서

c. 상황을 뒤흔들어서

d. 열심히 일해서

e. 분위기를 밝게 해서

f. 사람들의 참여를 이끌어내서

g. 옳은 일을 함으로써

h. 연구하고 진전을 이룸으로써

i. 시도해 봄으로써

j. 다른 사람을 도움으로써

k. 통제함으로써

l. 자신의 기술을 이용해서

결과: 나의 핵심 원형은?

Q1 a■,b✿,c★,d▲,e✛,f✧,g♣,h✚,i♠,j✳,k♥,l✱
Q2 a✿,b✚,c✛,d♣,e■,f♥,g♣,★h✳,i✳,j♠,k▲,l✱
Q3 a♥,b■,c✿,d✛,e★,f✧,g✚,h♠,i▲,j♣,k✱,l✳
Q4 a✛,b✿,c♣,d■,e✳,f♥,g✧,h✚,i▲,j★,k✱,l▲
Q5 a✛,b✳,c✚,d♠,e♣,f♥,g■,h✳,i▲,j✳,k✿,l✧
Q6 a✧,b✿,c✳,d▲,e♥,f★,g■,h✚,i♠,j✛,k✳,l✛

Q7 a✳,b▲,c★,d♥,e■,f♠,g✳,h✿,i✛,j✛,k✧,l♣
Q8 a✿,b✧,c▲,d✳,e■,f★,g♥,h♣,i♠,j✛,k✳,l✛
Q9 a♣,b♠,c♥,d▲,e✳,f■,g✛,h✛,i✳,j✳,k✿,l✧
Q10 a✛,b✚,c♠,d♣,e✳,f■,g★,h▲,i✳,j✿,k✧,l✱
Q11 a♥,b✚,c♣,d✳,e✧,f✿,g★,h■,i▲,j✛,k✱,l✛
Q12 a✛,b✳,c✚,d♠,e♣,f✧,g■,h★,i▲,j✳,k✿,l✧

순수한 사람 (■가 많은 경우)

있는 그대로 자유롭게.

당신은 어린아이처럼 밝고, 개방적이고, 행복하고, 긍정적이다. 한 줄기 햇빛과 같은 당신은 분위기를 환하게 밝히기 때문에 모두의 환영을 받는다. 당신은 친절하고, 신뢰할 수 있으며, 겸손하다는 평가를 받지만 처벌을 두려워하고 인정을 필요로 한다. 모든 것에서 좋은 면을 찾기 때문에 사람을 너무 쉽게 믿으며, 약간 순진할 수 있다.

현자 (★이 많은 경우)

진실이 너희를 자유롭게 하리니.

당신은 늘 탐구심을 이용해서 사실과 자료를 조사함으로써 진실에 의문을 제기하고 진리를 찾으려 노력한다. 항상 더 많은 것을 이해하고자 하기 때문에 책을 읽거나, 수업을 듣거나, 토론을 통해서 끊임없이 지식을 추구한다. 당신은 어떤 주제에 대해 모르거나 오도되는 것을 두려워하며, 지혜와 지성은 당신의 가장 빛나는 힘이다. 따라서 움직이기만 한다면 당신은 세상에 진정한 변화를 일으킬 수 있다.

탐험가 (▲가 많은 경우)

날 가두지 마.

당신은 전형적인 사고에 순응하지 않고 자신의 생각대로 자신만의 방식으로 삶을 살아가는 것을 좋아하는 독립적인 야심가이다. 당신은 탐험적인 발견을 통해 사상을 개선하려는 강한 욕망을 가지고 있으며 평범한 일상에 갇히거나 휘둘리는 것을 두려워한다. 이 때문에 부적응자나 따돌림을 받는 사람이 될 수 있다. 다른 사람들은 당신의 진정성, 독립성, 야망에 경이로움을 느낀다.

반항아 (✛가 많은 경우)

규칙은 깨라고 있는 것이다.

당신은 변화를 두려워하지 않는다. 세상에 변화가 필요하다는 것을 감지하면 당신은 그것을 위해 싸운다. 그것이 아무리 불편하더라도 말이다. 당신은 보다 유망한 것을 위해 잘못되어 보이는 것을 변화시키고자 한다. 어떤 사람에게는 '자유의 투사'이지만 다른 사람에게는 '테러리스트'일 수 있다는 점을 기억하자.

마법사 (✳가 많은 경우)

꿈은 이루어진다.

당신은 몽상가이지만 거기에 그치지 않고 생각을 현실로 바꿀 수 있는 능력을 갖추고 있다. 카리스마와 독특한 관점을 통해 당신은 불가능한 일을 해낸다. 당신은 자신이 살고 있는 우주를 보다 잘 이해하기 위해 자신만의 마법을 창조한다. 때로 알지 못하는 것을 다루다가 재앙을 일으킬 수 있고, 자신의 비전을 충족시키기 위해 일을 조작하려 할 수도 있다. 당신은 언제나 윈-윈 상황을 만드는 기술을 갖고 있다.

영웅 (✚가 많은 경우)

뜻이 있는 곳에 길이 있다.

힘, 용기, 대담함, 자제력을 갖춘 당신은 종종 자기 스스로보다는 약한 사람을 옹호하는 사람이 된다. 당신은 늘 자신을 증명해 보이려 하며, 약하고 비겁한 것을 싫어한다. 때로는 독재적인 태도로 군림하고 싸움을 꾀함으로써 자신의 약점을 만회하려고 지나치게 애쓰기도 한다. 하지만 내면으로는 세상을 더 낫게 만드는 용기 있는 행동을 통해서 자신의 가치를 입증하길 원한다.

연인 (♥가 많은 경우)

오직 당신뿐.

당신은 친밀감, 감각적인 즐거움, 감정을 즐긴다. 마당을 걷는 것과 같은 단순한 일도 정말 기분 좋은 경험으로 끌어올리는 식이다. 당신은 혼자 있는 것을 두려워한다. 그것을 당신을 원하는 사람이나 사랑하는 사람이 없다는 뜻으로 받아들이기 때문이다. 이로 인해 관계에만 몰두한 나머지 비굴해질 수도 있다. 당신은 당신이 맺고 있는 모든 관계에 진정으로 헌신한다.

어릿광대 (♣가 많은 경우)

인생은 한 번뿐.

당신은 유머로 다른 사람들의 마음과 정신을 사로잡아 그들의 하루를 즐겁게 만드는 것을 좋아한다. 당신의 주된 목표는 즐거움을 퍼뜨려서 세상을 활기 있게 만드는 것이지만 이 때문에 자신의 슬픔을 숨기는 경우가 있다. 평범한 당신의 삶이 사람들을 지루하게 만들지 않을까 걱정한다. 이 때문에 진정한 유대보다는 하찮은 일에 인생을 낭비하게 될 수 있다.

평범한 사람 (♠가 많은 경우)

모든 인간은 동등하다.

당신은 다른 사람을 돕고 협력하는 데에서 기쁨을 얻는다. 모든 인간이 동등한 권리와 기회를 가져야 한다는 신념 때문이다. 당신은 정직하고, 진실하며, 열심히 노력한다. 또한 타인과의 공감 능력이 크다. 당신은 불안을 줄이기 위해 소속감을 몹시 필요로 한다. 때로는 주위에 맞추기 위해서 자신의 개성을 기꺼이 버리기도 한다. 따라서 다른 사람의 튀는 행동에 대해 부정적인 시각을 가진다.

육성가 (✳가 많은 경우)

이웃을 내 몸같이 사랑하라.

당신은 주위 사람들을 지원하고 방어하면서 다른 사람들의 멘토나 안내자 역할을 한다. 당신은 언제든 기대에 울 수 있는 어깨가 되어주는 사람이며, 친구 범위에 있는 모든 사람을 보호하고 돌본다. 일관되고, 믿음직하고, 반응이 좋은 당신은 항상 다른 사람에게 도움이 되는 사람이고 싶어 하지만, 이 때문에 사람들이 당신을 이용하는 일이 생길 수도 있다. 당신의 연민은 모든 사람으로 하여금 당신을 사랑하게 한다.

지배자 (♣가 많은 경우)

힘은 전부가 아니다. 유일한 것이다.

당신은 통제하는 것을 두려워하지 않으며 사람들의 협력이 어떤 기능을 하는지 잘 알고 있다. 타고난 리더인 당신은 정치적 수완이 대단하며 넓은 인맥을 갖고 있다. 당신은 통제를 통해 번영을 이룰 수 있는 방법을 안다. 당신은 혼란을 두려워하며 하급자들의 도전에 상당히 고압적인 태도를 취하기도 한다. 하지만 보통의 상황에서는 책임감 있게 집단을 이끌며 자신의 역량을 이용해서 세상을 더 낫게 만든다.

창조자 (❖가 많은 경우)

상상한 대로 이루어진다.

당신은 대단히 창의적이며 강한 설득력의 소유자다. 당신은 작가, 디자이너, 음악가, 건축가 등 다양한 창조적 역할에 어울린다. 당신은 항상 세상의 무질서에 대한 해법을 찾는다. 하지만 때로는 좋지 못한 아이디어를 만들어낼지 모른다는 두려움이나 지나친 완벽주의 때문에 무력감에 빠질 수도 있다. 최선을 다해 창의력, 상상력, 독창성의 조화로운 조합을 만들어내 보자.

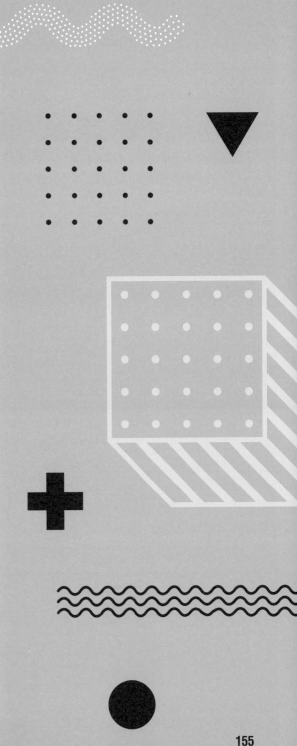

24

나에게
가장 잘 어울리는
운동은?

달리기에서 즐거움을 찾는 사람들이 있는가 하면, 그런 일을 부담스럽고 귀찮게 여기는 사람이 있다. 그 이유를 궁금하게 여겨본 적이 있는가? 어떤 사람은 많은 사람과 함께 고강도 운동을 하는 것을 좋아하고, 어떤 사람은 혼자 운동하는 것을 선호한다. 그 이유는 뭘까? 이 테스트를 통해서 당신의 운동 성향을 알아보고 당신에게 가장 잘 맞는 운동을 찾아보자. 당신의 개인적 취향과 잘 어울리는 건강관리 방법을 찾는 데 도움이 될 것이다.

운동 성향 유형

당신의 개인적인 취향이 어떤 활동을 재미있게 여기는지, 어떤 활동을 좋아하지 않는지를 결정한다. 하지만 자신의 성격에 맞는 운동을 설계할 때 이런 취향을 고려하는 경우는 드물다. 운동의 심리학을 이해하기 위한 많은 연구가 이루어지고 있으므로, 이제는 모두가 자신에게 맞는 운동을 찾을 수 있다.

매체에서 보여주는 이미지들의 홍수 때문에 최신 운동 추세에 참여해야 할 것만 같은 생각이 들 수도 있다. 이렇게 외향적인 것이나 일정이나 논리를 선호하는 사람들에게 맞춰진 세상을 살다 보니 우리는 많은 사람의 운동 욕구가 다르다는 것을 쉽게 잊는다. 체육관의 큰 음악 소리가 영 거슬리는 사람들도 있다. 민감한 성향 때문에 그런 분위기가 활기를 주기는커녕 진을 빼는 것이다. 규칙적인 운동은 반항아들이 질색하는 것이다. 몸을 위해서 운동을 하는 사람들도 있지만, 그보다는 자신의 정신과 영혼에 도움을 주기 위해 운동을 하는 사람도 있다. 점점 더 많은 연구가 진행됨에 따라 마음, 신체, 영혼의 연계는 널리 받아들여지고 있으며, 이와 함께 최신 유행이 아닌 개인의 필요에 맞는 운동을 알아볼 필요가 있다.

운동 성향 유형을 더 자세히 알고 싶다면 170쪽의 자료를 참고하세요.

Q1

운동을 하도록 동기를 부여하는 것은?

a. 신체와 정신의 효과적인 연결

b. 스트레스 해소와 내면과의 연결성 회복

c. 목표 달성과 근력 증진

d. 친구를 만들고 즐거움을 찾는다.

e. 아드레날린 분비 촉진

Q2

운동 가방에는 무엇이 들어 있는가?

a. 운동화

b. 요가 매트

c. 피트니스 트래커 fitness tracker★

d. 갈아입을 옷

e. 여러 운동에 필요한 다양한 기구

★ 운동 시간, 강도, 심박수 등을 측정·기록하는 기구

Q3

누구와 운동하는 것을 좋아하는가?

a. 팀원들과

b. 개인 트레이너와

c. 혼자서

d. 친한 친구 또는 파트너와

e. 자연 속에서

Q4

당신에게 이상적인 저녁 시간은?

a. 한잔한 뒤 클럽이나 라이브 음악 공연을 찾는다.

b. 체육관에 가서 운동 수업에 참여한다.

c. 친구들과 식사를 한다.

d. 혼자 책을 읽는다.

e. 여름 저녁, 사랑하는 사람들과 조촐한 바비큐 파티를 연다.

Q5

당신에게 이상적인 운동은?

a. 땀을 흘리게 하는 운동

b. 마음을 안정시키는 운동

c. 집에서 할 수 있는 운동

d. 재미있는 운동

e. 지루하지 않은 운동

Q6

주말에 기대하는 일은

a. 친구와 가족을 만난다.

b. 자연에서 시간을 보낸다.

c. 모험을 떠난다.

d. 그림 그리기, 독서, 명상 등 조용한 시간을 갖는다.

e. 경기에 참여한다.

Q7

아침에 당신의 모습은 어떤가?

a. 그날 필요한 모든 것을 챙기느라 정신이 없다.

b. 퇴근 후 여가 활동을 위해 새벽부터 일어나 출근한다.

c. 조용하고 평화롭다. 여유 있게 하루를 시작하는 것을 좋아한다.

d. 모든 것이 잘 조화된, 대단히 조직적이고 체계적인 루틴을 따른다.

e. 창문을 열어 환기를 시키며 하루를 시작한다.

Q8

당신이 운동을 빼먹는 이유는?

a. 부상이 아니라면 빠지지 않는다.

b. 계절적 요인 또는 과도한 약속

c. 운동보다 더 재미있는 일이 생겨서

d. 날씨가 (극히) 좋지 않아서

e. 더 흥미로운 일에 마음을 빼앗겨서

Q9

운동에 어떤 정신적 태도로 접근하는가?

a. 내면의 평화를 가져다준다.

b. 친구가 있다면 그들이 운동의 동기가 되어준다.

c. 새로운 목표 달성

d. 새로운 것을 시도함으로써 활기를 얻는다.

e. 살아 있는 기분을 느낀다.

Q10

운동할 때 듣는 음악은?

a. 운동 리듬을 높이기 위한 빠르고 비트가 강한 음악

b. 아드레날린 분비가 촉진되는 자신의 심박동 소리

c. 새소리

d. 팀원들의 외침

e. 자신의 숨소리

Q11

다음 중 가장 영감을 불러일으키는 말은?

a. 산이 나를 부르니, 나는 가야만 한다. (존 뮤어)

b. 팀의 힘은 각 팀원이다. 각 팀원의 힘은 팀이다. (필 잭슨)

c. 이길 수 없다면 당신 앞에 있는 사람이 신기록을 세우게 만들어라. (에반 에사르)

d. 나는 고독 속에서 답을 찾는다. (크리스틴 버틀러)

e. 진정한 자유는 문명이 아닌 황야에 있다. (찰스 린드버그)

Q12

운동 후에는 무엇을 먹을까?

a. 단백질 셰이크나 단백질 바

b. 몸에 좋은 샐러드

c. 친구와 디저트

d. 캠핑에 가서 직접 음식을 만들어 먹는다.

e. 죽, 수프 등 간편식

자연 (■가 많은 경우)

당신은 즉흥성을 사랑한다.

당신은 가슴에 신선한 공기를 가득 채우는 것을 좋아한다. 야외에서 운동하는 것은 당신에게 가장 중요한 일이다. 혼자서 하든 사랑하는 사람들과 함께하든 말이다. 신선한 공기와 바람은 당신의 정신, 신체, 영혼을 자극하고, 평온을 불러오고, 일상적인 걱정에서 오는 스트레스를 해소해 준다. 어떤 날씨이든 당신은 밖에 있을 때 행복을 느낀다. 이 때문에 자연 속에서의 활동에 더 매력을 느낀다. 당신은 계절의 변화를 보는 것을 즐기고 주위 환경에서 일어나는 일에 따라 운동의 속도를 조절한다. 산책하러 가든, 달리기를 하든, 강과 바다에서 수영을 하든, 아니면 해변에서 공을 차든 자연으로부터의 자극이 자신의 건강과 행복을 돌보도록 한다.

모험 (✚가 많은 경우)

당신은 아드레날린 중독자이다.

당신에게 운동은 아드레날린을 높일 또 다른 기회이다. 당신은 매일 체육관에서 운동을 하지만 거기에서 만족하지 않고 모험에 나설 주말이나 휴가를 갈망한다. 등산이나 서핑, 익스트림 산악자전거 등의 활동을 한다. 모두가 당신의 가슴을 뛰게 하는 것들이지만 당신은 계속해서 가슴을 뛰게 하는 다음 활동을 찾는다. 혼자 하는 것도 스릴을 좋아하는 가까운 친구나 사랑하는 사람과 하는 것도 좋아한다. 하지만 당신이 좋아하는 것은 운동 자체가 아니라, 약물이 아닌 천연에서 오는 이런 흥분감이다.

경쟁자 (▲가 많은 경우)

목표 달성을 위한 운동.

당신에게 운동은 목표를 달성하는 일이다. 당신에게는 정해진 계획이 있고 살을 빼거나, 근육을 만들거나, 지난번 기록을 깨는 것과 같이 달성하고 싶은 목표가 있다. 당신은 경쟁을 즐기며 행사에 참가하는 것을 좋아하고 매 순간 도전한다. 당신은 항상 자신을 더 낫게 만들어갈 방법을 찾는다. 때문에 다른 사람들과 함께 혹은 개인 트레이너와 일대일로 운동하는 것을 좋아한다. 일단 목표를 이루면 당신은 다음 목표를 향해 출발한다. 5킬로미터를 달리는 것이든 마라톤이든 당신은 자신을 가능한 한 최고의 자리에 세우기 위한 훈련에 매진한다.

사회적 (✱가 많은 경우)

운동의 가장 큰 목적은 재미.

운동에 있어서 가장 중요한 것은 사회적 경험이며 당신에게는 다른 사람들과 어울리면서 땀을 흘리는 것이 운동 자체보다 더 큰 의미이다. 줌바 댄스든 요가 수업이든 스피닝이든 축구 팀의 일원이 되는 것이든 당신은 집단 활동에 따르는 사회적 측면과 거기에서 느끼는 동지애를 즐긴다. 당신에게는 경쟁적인 성향이 있으며, 당신은 같은 목표를 추구하는 사람들과 그룹이 되는 것을 좋아한다. 이런 환경이 아니라면 운동하기가 어렵다. 다른 사람을 실망시킬 수 없다는 생각이 운동을 계속하도록 동기를 부여한다.

고독 (★이 많은 경우)

운동은 조용한 자기반성의 시간이다.

당신은 혼자 시간을 보내면서 정신을 맑게 하고 스트레스를 해소하고 마음과 몸과 영혼의 연결을 새롭게 하는 것을 좋아한다. 당신은 시끄러운 음악이나 수다를 좋아하지 않고 때문에 자극이 지나치게 많은 체육관은 피하는 경향이 있다. 당신에게 운동은 호흡과 신체의 모든 움직임을 느끼고 그 순간을 함께하는 것이다. 다른 사람들이 있는 곳에서 운동을 해야 할 경우에 당신은 내면의 세계에서 벗어나지 않기 위해 음악을 듣거나 오디오 북을 들으면서 세상과 자신을 차단할 것이다. 요가, 필라테스, 수영, 걷기, 달리기 등 운동은 당신의 삶에 균형을 가져다주는 다른 형태의 명상이다.

25

나의
자의식은?

유난히 자기도취적인 사람을 본 적이 있는가? 당신이 하는 어떤 일이 자기도취의 범주에 들지는 않는지 궁금하게 여겨본 적은 없는가? 자신에 대한 애정이나 감탄과 집착을 구분하는 것은 대단히 힘든 일이다. 자신을 사랑하되 지나치면 안 될 것이다. 지나칠 경우 자기 본위의 나르시시스트란 꼬리표가 붙게 된다. 이 테스트는 자기도취의 범위에서 당신이 어디쯤에 있는지 발견하고 적절한 균형을 찾을 수 있게 해줄 것이다.

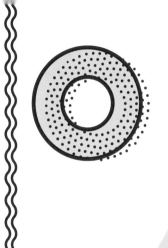

나르시시즘

나르시시즘Narcissism은 자신과 자신의 외모에 대한 과도한 관심이나 감탄으로 설명된다. 심리학 용어로는 이를 자기애성 인격 장애Narcissistic Personality Disorder, NPD라고 칭하며, 과다한 자신감의 패턴이 장기적으로 이어지고, 공감 능력이 전혀 없는 것을 특징으로 한다. 이런 장애는 환상의 세계에서 존재할 수도 있고 실제 행동으로 나타날 수도 있는데, 다른 사람들의 흠모를 극단적으로 요구하는 경우가 많다. 이런 장애를 가진 사람들은 자신이 만나는 모든 사람의 인생에서 자신이 가장 중요한 존재라고 생각한다. 전문가에 의해 NPD 진단을 받은 사람은 대개 다음 증상 중 5~6개를 충족한다.

- 자신의 중요성을 과장해서 인식한다.
- 무제한적인 성공, 힘, 천재성, 아름다움, 이상적인 사랑에 대한 환상에 사로잡혀 있다.
- 자신이 '특별'하고 독특한 존재이며, 다른 특별하거나 지위가 높은 사람들에게만 이해받을 수 있고, 그런 사람들과만 어울려야 한다고 믿는다.
- 과도한 숭배를 요구한다.
- 자신을 특별한 자격이 있는 존재로 여긴다.
- 다른 사람을 이용하고 조종한다.
- 공감 능력이 떨어진다.
- 다른 사람을 선망하는 경우가 많다.
- 자주 오만하고, 우쭐거리는 행동이나 태도를 보인다.

나르시시즘을 더 자세히 알고 싶다면 170쪽의 자료를 참고하세요.

Q1

나는 비범한 재능을 가진 사람이다.

a. 매우 그렇다.

b. 그렇다.

c. 그렇기도 하고 아니기도 하다.

d. 그렇지 않다.

e. 전혀 그렇지 않다.

Q2

나는 누구에게나 내가 원하는 대로 어떤 것이든 믿게 할 수 있다.

a. 매우 그렇다.

b. 그렇다.

c. 그렇기도 하고 아니기도 하다.

d. 그렇지 않다.

e. 전혀 그렇지 않다.

Q3

다른 사람들로부터 배울 것이 많다고 생각한다.

a. 매우 그렇다.

b. 그렇다.

c. 그렇기도 하고 아니기도 하다.

d. 그렇지 않다.

e. 전혀 그렇지 않다.

Q4

내가 관심의 중심에 서는 것이 불편하다.

a. 매우 그렇다.

b. 그렇다.

c. 그렇기도 하고 아니기도 하다.

d. 그렇지 않다.

e. 전혀 그렇지 않다.

Q5

사람들을 조종하는 것이 쉽고 재미있다.

a. 매우 그렇다.

b. 그렇다.

c. 그렇기도 하고 아니기도 하다.

d. 그렇지 않다.

e. 전혀 그렇지 않다.

Q6

어떤 상황에서든 말로 둘러대고 빠져나올 수 있다.

a. 매우 그렇다.

b. 그렇다.

c. 그렇기도 하고 아니기도 하다.

d. 그렇지 않다.

e. 전혀 그렇지 않다.

Q7

내 몸을 과시하는 것을 좋아한다.

a. 매우 그렇다.

b. 그렇다.

c. 그렇기도 하고 아니기도 하다.

d. 그렇지 않다.

e. 전혀 그렇지 않다.

Q8

보통 내 자격에 걸맞은 존경을 받는다.

a. 매우 그렇다.

b. 그렇다.

c. 그렇기도 하고 아니기도 하다.

d. 그렇지 않다.

e. 전혀 그렇지 않다.

Q 9

나를 돋보이게 하기 위해서는 남의 기분이
상하더라도 개의치 않는다.

a. 매우 그렇다.

b. 그렇다.

c. 그렇기도 하고 아니기도 하다.

d. 그렇지 않다.

e. 전혀 그렇지 않다.

Q 10

타인을 칭찬하는 것은 곤혹스런 일이다.

a. 매우 그렇다.

b. 그렇다.

c. 그렇기도 하고 아니기도 하다.

d. 그렇지 않다.

e. 전혀 그렇지 않다.

Q 11

기회만 되면 나를 과시하려 한다.

a. 매우 그렇다.

b. 그렇다.

c. 그렇기도 하고 아니기도 하다.

d. 그렇지 않다.

e. 전혀 그렇지 않다.

Q 12

나는 언제나 옳다.

a. 매우 그렇다.

b. 그렇다.

c. 그렇기도 하고 아니기도 하다.

d. 그렇지 않다.

e. 전혀 그렇지 않다.

평균 이하 (12~23)

당신은 자신감이 부족하며 자존감이 낮다. 하지만 뛰어난 공감 능력의 소유자다. 당신의 친절한 본성을 조종하려는 자기도취자의 표적이 될 수 있으니 조심하라. 자기도취 분야에서 낮은 점수를 받은 것은 나쁜 일이 아니다. 다만 어떻게 하면 당신이 스스로를 발전시켜서 확고하게 자기주장을 할 수 있을지 생각해 보는 것이 좋겠다. 주위에 당신의 노력을 폄하하는 부정적인 사람들이 있다면 그들과 함께하는 시간을 줄이고 당신을 지지하는 사람들과 더 많은 시간을 보낼 방법을 찾아보자.

평균 (24~36)

당신은 자신에 대해 파악하고 있으며, 단호하게 자기주장을 펴고 자신감을 가지는 것도 중요하지만 다른 사람과의 공감도 필요하다는 점을 이해하고 있다. 상황이 조성되면 부드럽고 자연스러운 리더가 될 수 있는 조건을 갖추고 있다. 주변의 약자를 돕기 위해 이런 역할을 받아들여야 하는 때가 올 것이다. 타인의 말을 경청하고, 겸손하고 친절한 태도를 잃지 않는다면 '다른 사람들을 깔아뭉개지 않으면서'도 성공할 수 있는 균형 잡힌 사람으로 발전할 수 있다.

높음 (37~47)

자기도취는 자기애의 극단적인 형태라고 생각하는가? 그렇지 않다. 자기도취와 자기애는 아무런 관계가 없다. 자기도취는 자기애와 같은 자원이 극도로 부족하다는 것을 인식하고 그것을 지키려고 애쓰는 상황이다. 야망을 갖는 것도 좋고 자신감을 갖는 것도 좋지만 공감이 부족하면 그런 것들은 아무런 의미가 없다. 당신의 테스트 결과를 두고 솔직한 친구와 이야기를 나눠보라. 내가 좀 자기도취적인가? 그렇게 행동하는 이유는 무엇일까? 성공을 거두면서도 주위 사람들에 대한 공감과 친절을 잃지 않고 균형을 유지할 방법을 찾아보자.

매우 높음 (48~60)

당신은 자존감이 대단히 높다. 당신은 자신이 위대한 사람이 될 운명을 타고났다고 생각하며 무슨 일이 있어도 그것을 현실로 만들 것이다. 당신은 사람들을 조종해서 당신의 명령을 따르게 하는 일에서 아무런 문제를 느끼지 못한다. 어리석은 그 사람들의 탓이라고 생각한다. 당신은 주목의 대상이 되는 것을 좋아하며 자신에게는 그럴 만한 자격이 있다고 생각한다. 거기에 동의하지 않는 사람은 당신이 이루어낸 것들을 시기하는 것이라고 치부한다. 당신은 다른 사람들의 감정을 읽는 데 서투르지만 그것은 세상을 지배하는 데 중요한 기술이 아니라고 생각한다. 당신은 이 테스트에서 높은 점수를 받았다. 솔직해져 보자. 이 점수가 자랑스러운가? 그저 무대의 중심에 서고 웃음을 유발하기 위해서 이런 답을 한 것인가? 이런 특성을 인식했다면 자기 위주의 사고에서 벗어나 타인에게 좀 더 친절한 태도를 갖도록 매일 조금씩 노력해 보는 것이 어떨까?

마치며

이 책의 테스트로 자신과 주위의 사람들의 새로운 점을 발견했는가? 자, 그럼 이제 어떻게 해야 할까?

처음 성격 테스트를 시작할 때는 조금 압도되는 느낌을 받을 수도 있다. 성격 테스트로 얻은 정보가 완전히 새로운 것은 아닐지라도 당신이 어떤 사람인가를 상기시켜 줄 테니까.

처음 할 일은 잠깐 숨을 고르면서 새롭게 인식한 자기 자신을 생각해 보는 것이다.

테스트 결과에는 모순이 있을지도 모르고 생각지도 못한 놀라운 점이 있을 수도 있다. 각각의 테스트를 수행할 때 자신이 처한 상황과 마음 상태를 생각해 보자. 그 상태는 답에 영향을 줄 수 있다. 또한 정직한 답변보다 당신이 바라는 모습을 답으로 선택하고 있지는 않은지도 살펴야 한다.

테스트를 마쳤다면 당신이 가장 재미있게 했던 테스트들을 한 번 더 검토해 보자. 다시 테스트를 한 번 더 자세히 읽고, 당신이 유용하다고 생각한 특정 테스트가 있다면 자료 부분을 참조해 그에 대해 더 배우거나 발견할 수 있는 것은 없는지 확인하는 것도 좋겠다.

이들 테스트에서 다른 성격 유형의 답을 읽으면 다른 사람들에 대한 이해도를 높일 수 있으며 이를 통해 가족, 친구, 동료들과의 의사소통도 발전시킬 수 있다. 어쩌면 당신이 아는 어떤 사람이 그렇게 행동하는 이유를 깨닫는 순간을 이미 경험했을지도 모른다. 그렇다 하더라도 가정에 근거하여 사람들을 판단하거나 분류하지 말고, 당신이 사람들과 어떻게 상호 작용하는지 자각하고 반응하기 전에 입장을 바꿔 생각하는 자세를 가져 보자.

자신의 답을 검토하고, 성격 유형 테스트를 상세하게 탐구하면서 성장을 위해 목표로 삼을 만한 영역을 생각해 보는 것도 좋다. 자기 확신이나 커리어 옵션과 같은 영역은 어떨까? 선택은 당신의 몫이다. 다음 몇 주 동안 자기 계발의 초점으로 삼을 것을 선택한 뒤 이에 관한 정보를 여러 번 읽자. 정보를 이해하는 데는 꽤 시간이 걸리며 또한 이런 정보를 일상적으로 활용해야만 인생의 변화를 만들 수 있다.

이 과정에서 학습의 네 가지 본질적 단계를 알아두면 유용할 것이다.

1. **무의식적 무능** 무엇을 모르는지 모른다. (이 책을 읽기 전 단계)

2. **의식적 무능** 모르고 있다는 것을 안다. (지금의 단계)

3. **의식적 유능** 의식적인 개입으로 통해 실천할 방법을 찾는다. (이런 발전의 기회들에 대해서 더 많이 안다. 다만 활용을 하기 위해서는 의식적인 사고가 필요하다.)

4. **무의식적 유능** 실천 방법을 아는 데에서 더 나아가 그것이 무의식적인 습관이 된다. (제2의 천성이 된다. 의식적인 생각 없이 실천한다.-목표)

많은 사람이 책을 읽고 성격 유형 테스트를 한 번 한 뒤에 그것이 인생에 즉각적인 영향을 가져다줄 것이라고 기대하지만, 학습의 단계를 고려하면 자전거를 배우거나 운전을 배우는 것처럼 제2의 천성이 될 때까지는 시간이 필요하다는 점을 깨닫게 될 것이다. 이 점을 유념해서 당신이 발전의 기회를 포착한 영역이 확장된 선호 영역에 포함될 때까지 실천 방법을 계속해서 반복하고, 책을 다시 읽고, 배워야 한다. 오른손잡이가 오랫동안 왼손으로 글씨를 쓰면 결국 왼손으로도 오른손만큼 글씨를 잘 쓰게 되는 것처럼 말이다.

성격 선호를 이해하면 자기 계발부터 인생을 바꾸는 일까지 많은 일을 할 수 있다. 이 작은 책에 담기에는 너무 큰 주제이기에 당신을 옳은 방향으로 향하게 해줄 참고 자료를 170쪽에 실었다. 해당 자료의 온라인 정보를 통해 보다 더 깊이 있는 탐구가 가능할 것이다.

이 책이 성격 테스트의 개념을 보다 상세하게 이해하는 데 도움이 되기를 바란다. 이 책의 목적은 가정이나 직장에서 사용할 수 있는 다양한 테스트 프로그램을 소개해서 성격 유형 테스트가 무엇인지 알려주고 장래에 당신이 유용하게 사용할 수 있는 학습 방향을 제시하는 것이다.

필자는 눈앞에 놓인 많은 기회를 알아볼 수 있도록 하기 위해 이 책을 썼다. 이 책은 재미있는 방식으로 당신이 자신의 참모습을 되찾고, 친구들, 가족들과의 관계를 다시금 설정할 수 있게 해준다. 새로운 그룹의 사람들과 어색함을 없애는 도구로 이 책을 사용하는 것도, 가족들이나 친구들과 함께 이용하는 것도 좋을 것이다.

이 책을 통해서 당신이 새로운 가능성에 눈을 뜨고, 새로운 출발, 불씨, 기회를 알아보게 되었기를 바란다. 꿈과 희망과 염원을 좇기에 지금보다 좋은 때는 없다는 것을 기억하라.

"삶은 나를 찾는 과정이 아니라
나를 만들어가는 과정이다."
조지 버나드 쇼

참고 자료

참고 도서

『프로이트라면 어떻게 할까?』(세라 톰리 지음, 황선영 옮김, 시그마북스, 2017)

『성격의 재발견: 마이어스-브릭스 성격 유형 탐구』(이사벨 브릭스 마이어스 지음, 정명진 옮김, 부글북스, 2008)

『에니어그램의 지혜: 나와 세상을 이해하는 아홉 가지 성격 유형』(돈 리처드 리소·러스 허드슨 지음, 주혜명 옮김, 한문화, 2015)

『나는 초민감자입니다: 지나친 공감 능력 때문에 힘든 사람을 위한 심리치료실』(주디스 올로프 지음, 최지원 옮김, 라이팅하우스, 2019)

『EQ 감성지능』(대니얼 골먼 지음, 한창호 옮김, 웅진지식하우스 2008)

『Introducing Jung: A Graphic Guide by Maggie Hyde, Michael McGuiness, and Oliver Pugh』(Maggie Hyde, Michael McGuiness, Oliver Pugh, ICON Books, 2015)

『The Four Tendencies by Gretchen Rubin』(Gretchen Rubin, Two Roads, 2017)

『The Good Psychopath's Guide to Success』(Kevin Dutton, Andy McNab, Bantam Press, 2014)

온라인 참고 사이트

The Five Factor Personality Model
www.psychologistworld.com/personality/five-factor-model-big-five-personality

홀웬 니콜라스의 코칭 사이트
www.magicalmojocoach.com

25가지 테스트 참고 사이트

01 MBTI 테스트
www.assesta.com/main/main.asp#
www.mbtionline.com
www.myersbriggs.org
www.16personalities.com/ko (한글판)

02 컬러 테스트
www.insights.com

03 에니어그램 테스트
www.enneagraminstitute.com

04 PCM 테스트
www.processcommodel.com

05 NLP 테스트
www.abh-abnlp.com
www.unleashyourpotential.org.uk

06 EPI 테스트
www.hanseysenck.co.uk

07 헥사코 테스트
hexaco.org

08 버크만 메소드 테스트
www.birkman.com

09 EI 테스트
www.danielgoleman.info/topics/emotional-intelligence

10 HPI 테스트
www.hoganassessments.com/assessment/ motives-values-preferences-inventory

11 SMA 테스트

www.sacredmoneyarchetypes.com

12 사이코패스 테스트

www.kevindutton.co.uk

13 스트레스 테스트

www.stress.org
www.nimh.nih.gov/health/publications/stress/index.shtml

14 긍정성 테스트

www.mayoclinic.org/healthy-lifestyle/stress-management/in-depth/positive-thinking/art-20043950

15 상징적 동물 테스트

 www.mindbodygreen.com/articles/how-to-find-your-spirit-animal

16 창의성 테스트

www.mycreativetype.com

17 4대 경향 테스트

www.gretchenrubin.com

18 엠패스 테스트

www.drjudithorloff.com

19 가족 역할 테스트

www.psychologies.co.uk/whats-your-family-role

20 스파키타입 테스트

www.goodlifeproject.com/sparketest

21 사랑의 언어 테스트

www.5lovelanguages.com

22 별자리 테스트

www.astrostyle.com/zodiac-signs

24 운동 성향 테스트

www.webmd.com/fitness-exercise/features/whats-your-workout-personality#1

25 나르시시즘 테스트

www.psychcentral.com/disorders/narcissistic-personality-disorder/

참고할 만한 국내 온라인 정보

한국국립정신건강센터

www.ncmh.go.kr/ncmh/main.do

한국버크만연구소

birkmanlab.co.kr

버크만스토리센터

www.cafebirkman.co.kr

에릭소니언 NLP 심리 연구소

www.nlpericksonian.com

한국 에니어그램 교육연구소

www.kenneagram.com:9001

썸머's 사이다힐링(인간관계 성공을 위한 명쾌한 코칭)

유튜브에서 [썸머의 사이다힐링] 검색

하이니즈 카페 (예민한 엄마를 위한 육아 코칭)

cafe.naver.com/highneedsbaby